中华精神家园

文化标记

吉祥如意

吉祥物品与文化内涵

肖东发 主编　陈书媛 编著

中国出版集团

现代出版社

图书在版编目（CIP）数据

吉祥如意 / 陈书媛编著. — 北京：现代出版社，
2014.11（2021.3重印）

（中华精神家园书系）

ISBN 978-7-5143-3062-5

Ⅰ．①吉… Ⅱ．①陈… Ⅲ．①中华文化 Ⅳ.
①K203

中国版本图书馆CIP数据核字(2014)第244314号

吉祥如意：吉祥物品与文化内涵

主　　编：肖东发
作　　者：陈书媛
责任编辑：王敬一
出版发行：现代出版社
通信地址：北京市定安门外安华里504号
邮政编码：100011
电　　话：010-64267325 64245264（传真）
网　　址：www.1980xd.com
电子邮箱：xiandai@cnpitc.com.cn
印　　刷：汇昌印刷（天津）有限公司
开　　本：710mm×1000mm　1/16
印　　张：9.75
版　　次：2015年4月第1版　2021年3月第4次印刷
书　　号：ISBN 978-7-5143-3062-5
定　　价：29.80元

党的十八大报告指出："文化是民族的血脉，是人民的精神家园。全面建成小康社会，实现中华民族伟大复兴，必须推动社会主义文化大发展大繁荣，兴起社会主义文化建设新高潮，提高国家文化软实力，发挥文化引领风尚、教育人民、服务社会、推动发展的作用。"

我国经过改革开放的历程，推进了民族振兴、国家富强、人民幸福的中国梦，推进了伟大复兴的历史进程。文化是立国之根，实现中国梦也是我国文化实现伟大复兴的过程，并最终体现为文化的发展繁荣。习近平指出，博大精深的中国优秀传统文化是我们在世界文化激荡中站稳脚跟的根基。中华文化源远流长，积淀着中华民族最深层的精神追求，代表着中华民族独特的精神标识，为中华民族生生不息、发展壮大提供了丰厚滋养。我们要认识中华文化的独特创造、价值理念、鲜明特色，增强文化自信和价值自信。

如今，我们正处在改革开放攻坚和经济发展的转型时期，面对世界各国形形色色的文化现象，面对各种眼花缭乱的现代传媒，我们要坚持文化自信，古为今用、洋为中用、推陈出新，有鉴别地加以对待，有扬弃地予以继承，传承和升华中华优秀传统文化，发展中国特色社会主义文化，增强国家文化软实力。

浩浩历史长河，熊熊文明薪火，中华文化源远流长，滚滚黄河、滔滔长江，是最直接的源头，这两大文化浪涛经过千百年冲刷洗礼和不断交流、融合以及沉淀，最终形成了求同存异、兼收并蓄的辉煌灿烂的中华文明，也是世界上唯一绵延不绝而从没中断的古老文化，并始终充满了生机与活力。

中华文化曾是东方文化摇篮，也是推动世界文明不断前行的动力之一。早在500年前，中华文化的四大发明催生了欧洲文艺复兴运动和地理大发现。中国四大发明先后传到西方，对于促进西方工业社会的形成和发展，曾起到了重要作用。

中华文化的力量，已经深深熔铸到我们的生命力、创造力和凝聚力中，是我们民族的基因。中华民族的精神，也已深深植根于绵延数千年的优秀文化传统之中，是我们的精神家园。

总之，中华文化博大精深，是中国各族人民五千年来创造、传承下来的物质文明和精神文明的总和，其内容包罗万象，浩若星汉，具有很强的文化纵深，蕴含丰富宝藏。我们要实现中华文化伟大复兴，首先要站在传统文化前沿，薪火相传，一脉相承，弘扬和发展五千年来优秀的、光明的、先进的、科学的、文明的和自豪的文化现象，融合古今中外一切文化精华，构建具有中国特色的现代民族文化，向世界和未来展示中华民族的文化力量、文化价值、文化形态与文化风采。

为此，在有关专家指导下，我们收集整理了大量古今资料和最新研究成果，特别编撰了本套大型书系。主要包括独具特色的语言文字、浩如烟海的文化典籍、名扬世界的科技工艺、异彩纷呈的文学艺术、充满智慧的中国哲学、完备而深刻的伦理道德、古风古韵的建筑遗存、深具内涵的自然名胜、悠久传承的历史文明，还有各具特色又相互交融的地域文化和民族文化等，充分显示了中华民族的厚重文化底蕴和强大民族凝聚力，具有极强的系统性、广博性和规模性。

本套书系的特点是全景展现，纵横捭阖，内容采取讲故事的方式进行叙述，语言通俗，明白晓畅，图文并茂，形象直观，古风古韵，格调高雅，具有很强的可读性、欣赏性、知识性和延伸性，能够让广大读者全面接触和感受中国文化的丰富内涵，增强中华儿女民族自尊心和文化自豪感，并能很好继承和弘扬中国文化，创造未来中国特色的先进民族文化。

2014年4月18日

招财进宝——吉祥动物

延年益寿——吉祥花草

幸福愿望——吉祥物件

万事祈求——吉祥图案

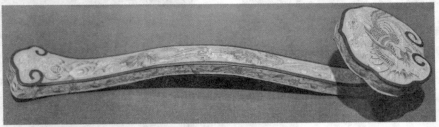

古往今来，人们都希望自己的生活可以过得平安而且快乐，面对不可预知的未来，我们的祖先创造了许多用以祈求万事顺利的象征物。这些向往和追求幸福美好的吉禽瑞兽，就是吉祥动物。

我国祖先创造了龙、凤、麒麟、貔貅、丹顶鹤、喜鹊等吉祥物。除此之外，民间流传的吉祥物更是形形色色，如鸳鸯、锦鲤鱼、蝙蝠、狮子、孔雀、燕子等，不胜枚举。这些吉祥动物，代表了华夏5000年来的历史文化、民风民俗，是在时间的长河中沉淀出的思想精华。

招财进宝

吉祥动物

最富盛名的瑞兽青龙

龙啸九天

在我国传统文化中，要是说起最富有盛名的瑞兽，必定是青龙。青龙在我国传统文化中是"四象"之一，与白虎、朱雀、玄武并称"四神兽"，根据五行学说，它是代表东方的灵兽。

除此之外，青龙既是名字也是种族，青龙的方位是东，左，代表春季，在我国二十八星宿中，青龙是角、亢、氐、房、心、尾、箕这东方七宿的总称。

青龙是我国最大的神物，也是最大的吉祥物。人们都很熟悉龙的形象，但是谁也没有见过真正的

■ 九龙壁

龙。据说，青龙长着牛头、鹿角、虾眼、鹰爪、蛇身和狮子的尾巴，通身还长满了鳞甲，是由多种动物复合而成的。

　　在人们的想象中，青龙不但能在陆地行走，也能在水中游弋，在云中飞翔，拥有无穷的神力。几千年来，帝王把它当作权力和尊严的象征。这是因为龙与神话传说中的炎、黄二帝有很深的渊源。

　　远古时期的黄帝是一位非常贤明的君王，他曾经为了民族的生存，打败了蚩尤。黄帝时期也是古史上的大发明期，舟车、历法、算术、音乐等，都是在这个时期发明的。

　　黄帝在晚年的时候，发明了鼎。当第一个鼎被铸造出来时，天上突然飞下来一条龙，那条龙有着威武

黄帝（前2717—前2599），传说是远古时一位著名的部落联盟首领。华夏民族的共主，"五帝"之首，被尊为中华"人文初祖"。黄帝在位期间，播百谷草木，大力发展生产，始制衣冠、建舟车、制音律、创医学等，开启了华夏文明。

■ 青龙铜雕

炎帝 烈山氏，又称赤帝，华夏始祖之一，与黄帝并称"中华始祖"，是我国远古时期部落首领。炎帝制耒耜，种五谷。立市廛，首辟市场。制定上衣下裳之制。做五弦琴，以乐百姓。削木为弓，以威天下。制作陶器，改善生活。他与黄帝结盟并逐渐形成了华夏族，因此形成了"炎黄子孙"。

的眼睛和长长的、闪着银光的龙须，整个龙身透着金光，降临时好像带来万匹的金锻，笼罩了整个天空。

黄帝和大臣都很吃惊，那条龙慢慢靠近黄帝，眼神变得十分温和，忽然开口对黄帝说："玉帝非常高兴看到你促使文明又向前迈进了一步，所以特地派遣我来带你升天去觐见玉帝。"

黄帝一听，就遵旨跨上龙背，然后对群臣说："玉帝要召见我了，你们多保重，再会了。"

"请让我们追随您去吧！"大臣们说完，就一拥而上，希望爬上龙背，随黄帝一起走。可是那条龙却扭动身躯，把那些人都甩了下来。

黄帝坐在龙身上的时候，百姓们舍不得让如此贤明的君主离开，就紧紧拽住了龙的一根胡须。龙虽然被揪掉了胡须，但还是飞起来了。神奇的是，那根胡须居然变成了一把弓。百姓们呆呆地拿着弓，不知如何才能找回黄帝。

金龙带着黄帝快速飞上天空，一下子就消失在云雾中了。群臣没有办法，只好眼睁睁地看着黄帝升天而去。一位大臣看着天空，若有所思地说："看来并不是每个人都上得去龙背的啊！只有像黄帝那样伟大的人，才有资格骑上龙呢！"

我国西汉时的史学家司马迁在《史记·孝武本纪》中记载这件事说：

> 黄帝采首山铜，铸鼎荆山下。鼎既成，有龙垂胡须下迎黄帝。黄帝上骑，群臣后宫从上龙七十馀人，龙乃上去。馀小臣不得上，乃悉持龙须，龙须拔，堕黄帝之弓。百姓仰望黄帝既上天，乃抱其弓与龙胡须号。

炎帝与龙的关系也很密切。东汉学者皇甫谧编著的专述帝王世系的史书《帝王世纪》记载说：

> 神农氏母曰任姒，有蛴氏之女，名女登。为少典妃。游于华阳，有神龙首感女登于常羊，生炎帝。

这个说法将炎帝的出生与龙联系在一起，也就是认为炎帝是一个"龙种"，或"准龙种"。从此，我国所有的古代帝王也都与龙产生

■ 龙袍上的龙纹

招财进宝 吉祥动物

青龙浮雕

了紧密的联系。

比如说，皇帝专用的椅子要称为龙椅，皇帝穿戴的袍子被称为龙袍，皇帝的相貌被称为龙颜，皇帝的身体被称为龙体，等等。龙代表着威严神圣不可冒犯的君王。

除了历代帝王，普通百姓也认为龙是美德和力量的化身，是吉祥之物。在我国到处可以看到龙的形象，宫殿、寺庙的屋脊上，皇家的用具上，处处刻着龙、画着龙。

老百姓在喜庆的日子里也要张贴龙的图案，还要舞龙灯、划龙舟，给孩子起名字也愿意用上"龙"字。龙作为"四灵"中最大的吉祥物，逐渐成为了中华民族的象征。

阅读链接

传说龙宫里有条花鳞恶龙，是龙王的第七个儿子，被称为"花龙太子"。这天，他闲得没事，在水晶宫外游荡，忽闻海面上有仙乐之声，便循声寻去，猛见一条雕花龙船，内坐8位形色各异的大仙，其中一个是妙龄女郎。花龙太子见此仙姿，魂魄俱消，早忘了师父南极仙翁的忠告，想入非非，痴迷于何仙姑。

八仙在海上仙游，其他七位大仙见花龙太子半路挡道，就各显法宝，一齐围攻了花龙太子。花龙斗不过，从此再不敢出海了。

预示吉祥永生的凤凰

凤凰也叫丹鸟、火鸟、鹝鸡、威凤等，是我国古代传说中的"百鸟之王"，与龙同为汉族民族的图腾。凤凰是雌雄统称，雄为凤，雌为凰，总称为凤凰，常用来象征祥瑞。

根据我国最早的一部解释词义的专著《尔雅·释鸟》的记载，凤凰的特征是：

鸡头、燕颔、蛇颈、龟背、鱼尾、五彩色，高六尺许。

另外，我国先秦重要古籍《山海经·图赞》中说，凤凰的身上有5种像

刺绣凤凰

首文曰德，翼文曰顺，背文曰义，腹文曰信，膺文曰仁。

凤凰性格高洁，非晨露不饮，非嫩竹不食，非千年梧桐不栖。传说中凤凰共有5类，分别是赤色的朱雀、青色的青鸾、黄色的鹓鶵、白色的鸿鹄和紫色的鹫鹫。不同种类有不同的象征。

凤凰也叫不死鸟。这是因为神话中说，凤凰每次死后，会周身燃起大火，然后其在烈火中获得重生，并获得较之以前更强大的生命力，称之为"凤凰涅槃"。如此周而复始，凤凰获得了永生。

相传凤凰也能知天下治乱兴衰，是我国历史上王道仁政的最好体现，是乱世兴衰的晴雨表。古人曾分出5个等级，以凤凰的5种行止标志政治上的清明程度。于是历代帝王都把"凤鸣朝阳"和"百鸟朝凤"当成盛世的象征。

凤凰也是我国皇权

■ 凤凰石刻

■ 凤凰台背面

的象征，常和龙一起使用。"凤"的甲骨文和"风"的甲骨文字相同，即代表具有风的无所不在，及灵性力量的意思；"凰"即"皇"字，为至高至大之意。

我国古籍《闻见录》记载说："梧桐百鸟不敢栖，止避凤凰也。"梧桐为树中之王，相传是灵树，能知时知令。而作为百鸟之王的凤凰胸怀宇宙，非梧桐不栖，也比喻贤才择主而侍。

凤凰分雄雌，凤从属于龙，代表阴，因此将其用于皇后嫔妃，"凤""凰"也常见于女性的名字当中。宋代就常使用龙凤旗，还在物品上使用龙凤作为吉祥标记，比如龙凤团茶。"龙凤呈祥"是最具中国特色的图腾，民间美术中也有大量的类似造型。

相传在春秋时期，秦穆公有个小女儿，生来爱玉，秦穆公便给她起名叫"弄玉"。弄玉生性自由烂漫，喜欢品笛弄笙，秦穆公很是疼爱，便命工匠把西域进贡来的玉雕成笙送给她。自从有了玉笙，公主吹笙的技艺更加精湛。

弄玉长到十几岁时，姿容无双、聪颜绝伦，秦穆

鸳鸯 凤凰的一种，在有些古书上指一种水鸟。鸳鸯总是雌雄双飞，比鸳鸯更恩爱。当它们中有一只死去时，另一只就会悲鸣3个日夜，最后相从于九泉。鸳鸯象征着坚贞、高洁的品质，多被认为是一种瑞鸟，故常见于许多古籍或诗词中，有时也会出现于小说中。

秦穆公（？—前
621），嬴姓，名
任好。东周春秋
时期秦国国君。
在位共39年，谥
号穆。在《史
记》中被认定为
"春秋五霸"之
一。秦穆公非常
重视人才，其任
内获得了百里
奚、蹇叔、由
余、孟明视、西
乞术、白乙丙等
贤臣良将的辅
佐，曾协助晋文
公回到晋国夺取
君位。

公想招邻国的王子为婿，但弄玉不从。她对秦穆公说："如果对方不懂音律，不是善奏乐器的高手，我宁可不嫁！"疼爱女儿的秦穆公只好依从她。

一天夜里，公主倚栏赏月，用玉笙表达自己对爱情的神往。正吹得起劲，一阵袅袅的洞箫声和着公主的笙乐响起。一连几夜，笙乐如龙音，箫声如凤鸣，合奏起来，简直就像仙乐一般动听，整个秦宫都听得见，声音达方圆百里。

秦穆公很好奇，就向弄玉打听，弄玉说她也不知道是谁在附和，只知道是从很远的地方传来的。秦穆公马上派出大将孟明寻找吹箫人。孟明一路走一路打听，一直找到华山脚下。

当地有一位樵夫告诉孟明说："我听说华山中峰的明星崖隐居着一位少年，名叫箫史，他很会吹箫，箫声不仅动听，还能传到数百里之远呢。"孟明连忙到明星崖找到箫史，将他带回了秦宫。

当时正值中秋，秦穆公见箫史的箫也为美玉所制，非常高兴，便请来弄玉。两人一见钟情，便合乐起来。

一曲不曾奏完，殿内画着的金龙、彩凤都好像跟着翩翩起舞。众人听得入痴，齐赞

■ 凤凰雕塑

说："真是仙乐啊！"不久，弄玉和箫史就成婚了。

凤凰雕刻

成婚之后，夫妻俩每日琴瑟和鸣，相敬如宾。箫史教弄玉用箫吹凤鸣，弄玉教箫史用笙吹龙音，学了十几年，真的把天上的凤引下来了，停在了他们的屋顶上。不久，一条龙也来到了他们的庭院里欣赏音乐。

这时，箫史感叹说："宫中的生活虽然富足，可我更怀念华山幽静的生活啊！"弄玉笑着回答说："如果你已经厌弃了荣华富贵，我愿与你同去享山野清净！"说完，夫妻二人又合奏起来。

片刻之后，龙飞凤舞，天上祥云翻腾。弄玉乘上彩凤，箫史跨上金龙，一时间龙凤双双升空而去！

后来人们就用"龙凤呈祥"来形容夫妻间比翼双飞，恩爱相随，百年好合的忠贞爱情。

阅读链接

相传在远古时，凤凰的地位高于龙，常常追逐龙，用尖利的嘴啄它。有一天，龙实在忍不下去了，就对凤凰说："你自以为比我更有神通吗？那我们来比试一下吧。"凤凰答应了。

刚开始时，它们比试的是飞行的速度和路程。凤凰伸展开五彩的翅膀，很快就飞到了天边。龙的速度虽然也不慢，但仍然比凤凰迟缓一些。然后，龙又要和凤凰比游泳。这时的凤凰突然发现，自己虽然能飞跃千里，叫声动人，却丝毫不通水性。它只好遗憾地认输，把自己的地位降在了龙的下面。

送子带来吉祥的麒麟

岳阳楼麒麟

麒麟是我国传统祥兽，在神话传说中，它是龙和牛的后代，在百兽之中地位仅次于龙，与凤、龟、龙共称"四灵"，是神的坐骑。古人把麒麟当作仁宠，雄性称麒，雌性称麟。

据传说，麒麟长着龙头、狮眼、虎背，身体像麝鹿，尾巴似龙尾，还长着龙鳞，头顶是圆的，还有一对角。麒麟能吐火，声音如雷，而且非常长寿，能活2000年之久。幼年麒麟不会飞，成年的会飞。成年麒麟能大能小，平时较为慈祥，发怒时异常

■南京云锦麒麟

凶猛。

关于麒麟的记载，最早出现于我国古代文明图案《河图洛书》。而在清代正史《清史稿》里记载了清雍正年间，民间有人目睹麒麟的事：

雍正七年，镇海民家牛生一犊，遍体鳞纹，色青黑，颔下有髯，项皆细鳞。十一年五月，盐亭民家牛产一麟，高二尺五寸，肉角一，长寸许，目如水晶，鳞甲遍体，两脊傍至尾各有肉粒如豆，黄金色，八足，牛蹄，产时风雨交至，金光满院，射草木皆黄。十三年二月，绵州民家牛产一犊，首形如龙，身有鳞纹，无毛，落地而殇。

不仅如此，在清乾隆年间和清嘉庆年间也有人发

《河图洛书》
我国古代流传下来的两幅神秘图案，被认为是"河洛文化"的滥觞，是中华文化，阴阳五行术数之源。最早记录在《尚书》之中，其次在《易传》之中，"诸子百家"多有记述。太极、八卦、周易、六甲、九星、风水等皆可追源至此。

现自己家中的牛产下了麒麟：

> 乾隆四年，盛京民家牛产麟。五年，寿州民家牛产麟，一室火光，以为怪，格杀之，剥皮，见周身鳞甲，头角犹隐也；荆州民家牛产麟，遍体鳞甲。嘉庆元年，遂安民家牛产麟。二年，平度州民家牛产麟。

古人认为，麒麟每次出现都将是一个非常特别的时期。据记载，伏羲、舜、孔子等圣人都伴有麒麟出现，并带来神的指示，最终指引胜利。

相传在伏羲氏时，伏羲氏教民"结绳为网以渔"，养蓄家畜，促进了生产的发展，改善了人们的生存生活条件。因此，祥瑞迭兴，天授神物。

■ 泥塑麒麟

这时，有一种龙头马身的神兽，生有双翼，高八尺五寸，身披龙鳞，凌波踏水，如履平地，背负图点，由黄河进入洛河，游弋于洛河之中，人们称之为龙马，即成年的麒麟。这就是后人常说的"龙马负图"。

孔子作为我国的儒教圣贤，也和麒麟有着十分紧密的联系。传说孔子的母亲颜氏，怀胎十月，路过尼山的时候，忽然肚子疼马上要生产。这时天空一阵轰鸣，一个独角麒麟驾着五彩祥云从天而降。

■ 麒麟花灯

此时，凡间瑞气纷呈，满天红光，麒麟举止优雅，不慌不忙地从嘴里吐出一块方帛，上面还写着："水精之子孙，衰周而素王，徵在贤明。"第二天，孔子就出生了。

受到这个传说的影响，民间多以"麒麟儿""麟儿"或"麟子"等为美称，赞扬别人家的孩子。古时王室成员也会用"麟子"代指自己的孩子。

我国古代地方志《兖州府志·圣里志》记载说：公元前479年，鲁哀公到武城以西20多里的大野打猎，把一只麒麟射死了，但不知道这是一只什么动物，于是请孔子前来辨认。孔子看到那是一只麒麟，非常心疼地感叹说："这是麒麟，是仁兽啊，如今这么混乱，你怎么在这个时候出现了呢？"

孔子的弟子子贡问孔子说："您为什么如此伤心呢？"孔子流着泪回答说："麒麟本是祥瑞仙兽，只在贤明的君王面前出现，却因为出现的时机不对而身亡了，我实在是痛心啊！"说完便失声痛哭，从此搁

孔子（前551—前479），名丘，字仲尼，春秋时期鲁国人，著名思想家和教育家、政治家，儒家思想的创始人。孔子集华夏上古文化之大成，在世时已被誉为"天纵之圣""天之木铎"，是当时我国最博学的人之一。被后人尊称为"孔圣人"。

■ 麒麟花灯

笔，不再编《春秋》了。

根据考证，这个"西狩获麟"发生在公元前479年，而孔子的《春秋》一书，也恰恰在这一年停笔，这时孔子已71岁，从此不再著书。这就充分证明了在巨野流传的"孔子获麟绝笔"的故事是真实的。

孔子获麟绝笔，从客观上讲，是年纪大了精力不佳。但从主观上讲，感麟而忧也是重要原因。孔子遇麟而生，又见麟死，他认为是个不祥之兆，立即挥笔为麒麟写下了挽歌：

> 唐虞世兮麟凤游，今非其时来何求？麟兮麟兮我心忧。

由于孔子感麟而忧，再加他唯一的爱子孔鲤早逝，使他难过极了，最终在公元前479年与世长辞了。孔子去世后，"获麟绝笔"的故事广为流传。唐代大诗人李白的《古风诗》中就有"希圣如有立，绝笔于获麟"的诗句。

麒麟作为吉祥物，我国古代各朝朝政也经常采用。史载汉武帝在未央宫建有"麒麟阁"，麒麟阁内

《春秋》是中国的儒家典籍，被列为"五经"之一。《春秋》是鲁国的编年史，据传是由孔子修订的，后司马迁续写。记载了从公元前722年到公元前481年的历史，是我国最早的一部编年体史书。《春秋》一书的史料价值很高，但不完备。

绘有11位功臣的画像，以嘉奖他们和向天下昭示其爱才之心。

麒麟在官员朝服上也多被采用，唐代武则天时，以麒麟作为纹饰绣于袍服，名曰"麒麟袍"，专门赏赐给三品以上的武将穿用。清代时，人们将麒麟绣于武官一品的"补子"上，成为等级制度的标志，也可见麒麟的地位仅次于龙。

麒麟因为象征吉祥而受到古人的喜爱。君王认为出现麒麟是上天给自己治理国家有方、政治清明的夸奖，臣子将麒麟视为受君主重视的荣誉象征，而民间的老百姓喜爱麒麟，则是因为据说麒麟能为人们带来子嗣。

我国传统的生育观念是希望早立子嗣，多生儿女，子孙满堂，多子多福，无论是妇女怀孕，还是婴

麒麟阁 汉武帝建于未央宫之中的楼阁，因汉武帝元狩年间打猎获得麒麟而命名。麒麟阁主要用于收藏历代记载资料和秘密历史文件，后来汉宣帝因匈奴归降，令人绘11名功臣画像于麒麟阁，以示纪念和表扬。凡列入其中，都被视为最高荣誉。

■ 石雕麒麟

■ 麒麟送子

儿降生、过百岁及其他庆贺活动，无不体现出人们为此所做的不懈的祈福努力。

民间一向有"麒麟送子"之说，又因为麒麟曾在孔子这样的圣贤之人出生前出现过，因而人们相信麒麟既可以送子，又可以佑子。于是，以"麒麟送子"为主题的民俗文化现象不仅见于图画、祝祷之语，而且也见于岁时活动，表现形式十分广泛，意在祈求、祝愿早生贵子，子孙贤德。

将麒麟制成各种饰物送给儿童佩戴，在我国传统民俗礼仪中是十分常见的，因为麒麟有祈福和佑安的用意。从古至今，人们都喜欢以麒麟的工艺造像作为护身符佩戴在身上，其质地有金、银、铜、玉等，尤其讲究为婴幼儿佩戴"麒麟锁"，以此祈祷孩子长命百岁。

麒麟同时也代表着美满的爱情。在黄梅戏《女驸马》中，一对玉麒麟也是爱情的见证。女主人公与男主人公受阻于女方父母的决定，女主人公交予男主人公一只玉麒麟，发誓说："麒麟成双人成对，三心二意天地不容。"

在曹雪芹创作的古典文学巨著《红楼梦》一书中，第三十一回和三十二回大篇幅写了"因麒麟伏白

过百岁 我国传统民俗之一，指的是在婴儿出生后的第一百天举行的庆祝仪式，目的是预祝婴儿无病无灾、长命百岁。过百岁的当日要把所有的亲朋好友都请来参加宴会，来宾要给婴儿红包，婴儿的姥姥家要送长命锁。

首双星"，这里的麒麟不仅是史湘云的护身符，也是暗示她婚配的一件信物。

我国的风水学认为麒麟就像万金油，旺财、镇宅、化煞、旺人丁、求子、旺文等，各方面都可以使用。并且，如果将麒麟的艺术品摆放在室内，还可以旺事业，化小人，治坏人；戴在身上还能替主人挡去晦气。

麒麟这个瑞兽本身也蕴含着更深层次的文化意义。我国记述遗闻逸事的古籍《说苑》里面描述麒麟说：

> 含仁怀义，音中律吕，行步中规，折旋中矩，择土而后践，位平然而后处，不群居，不旅行，纷兮其质文也，幽间循循如也。

曹雪芹（1715—1763），名霑，字梦阮，号雪芹，又号芹溪、芹圃。清代著名文学家，小说家。他出生于一个"百年望族"的大官僚地主家庭，因家庭的衰败饱尝人世辛酸，后历经多年艰辛创作出极具思想性、艺术性的伟大作品《红楼梦》。

■ 青玉雕麒麟

金麒麟

由此可知，麒麟不仅是神兽，而且还是一只十分儒雅的神兽，它的头上有角却从不用来当武器，甚至在站立的时候也会小心地避开草地和飞虫，俨然一副谦谦君子的模样。

和拥有使用武力的资本却从不攻击人的麒麟一样，孔子所创建的儒家学派也不提倡武力，而强调仁义道德是争天下和管理天下的不二法门，因此儒教的思想深深地融进了我国人民的潜意识当中。

形态庄重，内在仁厚，性情温和的麒麟与中华民族的传统美德相吻合，孔子所倡导的仁义精神和中庸之道也与麒麟行规中矩、仁厚君子的形象相辅相成，成为我国思想文化艺术中的瑰宝。

阅读链接

嘉祥县自古被称为麒麟的发祥地。嘉祥民间流传的麒麟传说十分丰富。

据说曾有人看见，武城的一个老农赶着一头黄牛耕地的时候，黄牛生下一个小犊。这个小犊不像猪，不像牛，头生独角不是鹿，身上长鳞不像龙，是个四不像。四不像刚生下没大会儿，就站了起来把犁镜和犁铧头给吃了下去，老农害怕，请四不像到别的地方去，四不像点点头、摇摇尾，就走了。人们都说，那头四不像就是麒麟。

招财纳福的瑞兽貔貅

　　貔貅又名天禄、辟邪、百解，是传说中的一种凶猛的瑞兽，也是我国古代神话传说中的一种神兽。貔貅长着龙头、马身、麟脚，形似狮子，毛色灰白，会飞，是龙的第九个儿子。相传貔貅凶猛威武，负责在天庭巡视，阻止妖魔鬼怪、瘟疫疾病扰乱天庭。

　　貔貅只有嘴而无肛门，能吞万物而从不排泄，因此招财聚宝，神

■神兽貔貅铜像

■ 汉代皇宫出土的玉貔貅

玉皇大帝 我国古代传说中最大的神，也是众神之皇。除统领天、地、人三界神灵之外，还管理宇宙万物的兴隆衰败、吉凶祸福。因为有制命九天阶级、征召四海五岳的神权，所以众神佛都列班随侍左右。

姜子牙 （前1156—前1017），名尚，别号飞熊，是我国历史上杰出的政治家、军事家和谋略家。姜子牙先后辅佐了6位周王，因是齐国始祖而称"太公望"，俗称为姜太公。西周初年，姜子牙被周文王封为"太师"，被尊为"师尚父"。

通特异，只进不出，深得玉皇大帝与龙王的宠爱。这个典故传开之后，貔貅就被视为招财进宝的祥兽了。我国很多人佩戴貔貅样式的玉制品正因此典故。

貔貅也有公母之分，左前腿往前伸出的为雄，右前腿往前伸出的为雌，雄左雌右。除此外，也有些是以独角或者双角来区分公母。

有的风水师认为，收藏貔貅大多都要一次收藏一对，才能够真正的招财进宝。但也有说法认为，如果要将貔貅戴在身上，只戴一只就好，以免打架。

貔貅的来历有多种说法，其中有一说法是，在远古时候，黄帝大战蚩尤，即将之时，幸得一员猛将一跃而起，将蚩尤头部一口咬下，蚩尤大败，只得将两胸化为眼，肚脐化为嘴，仓皇逃走。而这员猛将就是貔貅，黄帝大喜，便将貔貅封为"云"。

也有人说，貔貅是300多万年以前生活在西藏、四川康定一带的猛兽，具有极强的搏击能力。当年姜子牙助武王伐纣时，在行军途中曾偶遇一只貔貅，但当时却无人认识。

姜子牙发现貔貅食量惊人，但从不排泄，只会从全身的毛皮里分泌出一点儿点儿奇香无比的汗液，四面八方的动物闻到这种奇香后无不争先恐后地跑来争食，结果反被貔貅吃掉。

姜子牙觉得貔貅长相威猛非凡，就想方设法将这只貔貅收服并当作自己的坐骑。后来，姜子牙发现，只要带着貔貅打仗，就能屡战屡胜，就将貔貅封为"天赐福禄"。

由于这个貔貅凶猛善战的典故，古人常把貔貅的样子画在军旗上，希望军队在打仗的时候，将士们能像貔貅一样勇猛无比，也希望貔貅能够帮助自己聚来更多的金银财宝。古人常用貔貅作为军队的代称，称军队为"貔貅之师"。

貔貅专食猛兽邪灵，所以也叫"辟邪"。我国古代风水学者都认为，貔貅是转祸为祥的吉瑞之兽。将已开光的貔貅安放在家中，可令家运转好，好运加强，赶走邪气，有镇宅之功效，因此它成为百姓家中的守护神，保合家平安。

除助偏财之外，貔貅对正财也有帮助。所以做生意的商人也喜欢

蜚尤 上古时代九黎族部落的首长，也是苗族相传的远祖之一，我国神话中的古代战神。传说蚩尤的身体异于常人，铜头铁额，刀枪不入，善于使用刀、斧、戈，不死不休，勇猛无比。约在4600多年以前，黄帝与蚩尤大战于涿鹿，蚩尤战死，其部族融入了炎黄部族，形成了今天中华民族的最早主体。

023

招财进宝

吉祥动物

■陶塑貔貅

玉石貔貅

兵符 古代传达命令或调兵遣将所用的凭证，因为用铜、玉或木石制成，像个虎，所以又称虎符。兵符被制成两半，右半留存在国君，左半交给统帅。调发军队时，必须在两个各半的符验合后，方能生效。

风水师 是具备风水知识，受人委托断定风水好坏，必要时并予以修改的一种职业。通常风水师也兼具卜卦、看相、择日等技艺，由于风水先生要利用阴阳学说来解释，并且人们认为他们是与阴阳界打交道的人，所以又称这种人为阴阳先生。

安放貔貅在公司、家中或随身携带，认为这样有趋财旺财的祥兆。

古贤认为，命是注定的。但运程可以改变，因此民间有"一摸貔貅运程旺盛，再摸貔貅财运滚滚，三摸貔貅平步青云"的美好祝愿。

出土的最早的貔貅实物是春秋战国时期的，当时貔貅被作为将军行军打仗时的兵符，两军交战冲锋陷阵时，第一名士兵所持的开路先锋令就是"云师令"。

到了汉代，汉高祖刘邦打下天下之后，国库空虚。刘邦的妻子吕后命人请来两只貔貅，一只在尚书房为刘邦镇守江山，另一只在国库为汉室稳固基业，令汉王朝兴旺，补刘邦的命理不足。自那时起，貔貅便被封为"帝保"，意在保护皇帝。

关于貔貅的另一个详细的记载，是广东南雄延祥寺内的三影塔。三影塔建于 1009 年，是广东仅有的有准确年份可考的北宋早期砖塔。塔檐的每个檐角的梁头下都悬挂着一只铜钟，全塔共挂有 48 个铜钟。除此之外，塔檐上每条檐脊的端部各蹲着一只酱红色的貔貅。此塔上貔貅的来历，要追溯到南朝时期。

　　梁武帝萧衍的长子萧统，隐居在绍兴读书。那一年，始兴、南雄一带瘟疫横行，很多人失去生命，传闻说只有用貔貅角磨水喝，病人才会痊愈。

　　萧统为了给百姓治病，从始兴到南雄一路都在追捕一只貔貅，直到三影塔下才将貔貅抓住。萧统用这只貔貅的角磨水后，百姓们得到了救治，而萧统却因劳累过度而去世了。后人为了纪念萧统，同时也为了寄托祛灾托福的心愿，建塔时就将貔貅放在塔的檐脊。

　　到了明代，明太祖朱元璋定都南京，民工在挖城墙时挖到一对青铜质地的貔貅，不识何物，呈上御览。朱元璋也不认识貔貅，就找来了刘伯温。

　　刘伯温是名风水师，他告诉朱元璋说："这貔貅是传说中的'天赐福禄'，可保江山永定啊！"于是，朱元璋就命人在灵谷寺的旁边建立了一座貔貅殿，来供奉这一对貔貅。

　　后来，等到朱元璋修中山门时，国库空虚，正在着急的时候，丞相刘伯温建议朱元璋用貔貅来纳财。朱元璋听从了他的意见，在国门前放了一对世间最大的貔貅。结果，两江

丞相 也叫"宰相"，是我国古代皇帝之下的最高行政长官，负责典领百官，辅佐皇帝治理国政。丞相有权任用官吏，或是向皇帝荐举人才。除此之外，丞相主管律、令及有关刑狱事务，还要负责国家军事或边防方面。全国的计籍和各种图籍等档案也都归丞相府保存。

025

招财进宝

吉祥动物

■ 貔貅饰品

鎏金貔貅

士绅纷纷为国库捐款，朱元璋感慨万分，称赞道："大明臣民如此忠心，江山必然万载。"

最早的貔貅形象的艺术作品上可追溯到汉代，多为带翼的四足兽。到了魏晋南北朝时期，貔貅的形象变得更加概括抽象，装饰意趣更浓。从后来的石刻及玉雕貔貅可以看出其外形极富曲线美，气韵连贯，昂首挺胸，张嘴吐舌，气宇轩昂。

貔貅的形象自唐代以后较少出现，及至清代乾隆年间，由于乾隆皇帝好古，对古玉更是有着非同一般的痴迷与喜爱，因此可以在当时宫廷所藏的数件古玉貔貅身上，看到乾隆皇帝亲自授意刻于其上的御制年款及御制诗词，足可见对其重视和喜爱。

北京故宫有一件汉代玉貔貅，其上阴刻"乙巳年乾隆御题"诗。可见在欣赏与赞美古物的同时，乾隆皇帝也命工匠参照汉魏及南北朝时貔貅神兽的形象制作新的仿古器物。

阅读链接

曾经有一个人买了只铜貔貅求其保佑他能财源广进。由于他态度虔诚，心态平和，貔貅对他鼎力相助，为他积攒了不少财富。但这个人很贪心，渐渐觉得貔貅的庇佑已经不能满足他的心愿了，就动了歪心思，将貔貅的肚子部位掏空了，以求貔貅能为它积攒更多钱财。

天上的貔貅发现了这件事后很生气，恼怒于凡人的无穷欲望和野心，就将那个人的财富从自己的肚中全部倒空了，并且决定不再在世间留存。由于使命所在，貔貅还要为凡人提供庇护，但是它从此对贪财重欲的人心生厌烦，因此总是怒目而视。

一等文禽的丹顶鹤

传说，在王母娘娘身边侍奉的7位仙女经常下凡到北方的一条大江里面洗澡，边笑边闹，十分开心。

有一天，这7位仙女再次来江边洗浴时忘了时辰，当她们意识到这一点时，天色已晚。7位仙女怕被王母娘娘惩罚，连忙各自穿好衣服匆匆地飞回了天庭。

蕉阴立鹤图

其中，一位年纪最小的仙女动作慢了一步，被落在了最后面。这位仙女担心自己的法力不足，飞不了从凡间到天庭那么远的距离，于是伤心地哭了起来。

这时，一只几乎全身白

■ 松鹤图

色、顶上带红而身形纤细的鹤降在了小仙女的身边，温柔地望着她。小仙女立即明白了这只鹤的意思，赶紧爬到它的背上，被它驮着飞回了天宫。

从此，鹤就成了神仙的坐骑，被称为仙鹤。如太乙真人和广成子的坐骑就是丹顶鹤，还有道教里被称为"寿星老"的南极仙翁，他的吉祥物也是丹顶鹤。仙人们乘鹤，驾着祥云飘忽而来，一路高唱前行，别有一番情趣。

在道教中，鹤是长寿的象征，因此有仙鹤的说法，而道教的先人大都是以仙鹤或者神鹿为坐骑。

丹顶鹤在空中飞翔时，头、颈和细长的腿都伸得笔直，前后相称，十分闲适自得，使它充满遗世独立的仙韵，我国传统中对年长的人去世也有驾鹤西游的说法。

唐代诗人崔颢曾有一首名为《黄鹤楼》的诗作：

昔人已乘黄鹤去，此地空余黄鹤楼。
黄鹤一去不复返，白云千载空悠悠。

传说里的仙鹤和诗中的黄鹤，其实指的就是丹顶鹤。丹顶鹤的外形颇有仙气，因此被古人所喜爱。三

南极仙翁 古代神话传说中的老寿星，又称南极真君、长生大帝、玉清真王，为元始天王九子。因为他主寿，所以又叫"寿星"或"老人星"。传说经常供奉这位神仙，可以使人健康长寿，秦朝统一天下时就开始在首都咸阳建造寿星祠，供奉南极老人星。

国东吴学者陆玑在《诗经》的注解著作《毛诗草木鸟兽虫鱼疏》里对丹顶鹤做了细致的描述：

> 大如鹅，长脚，青翼，高三尺余，赤顶，赤目，喙长四寸余，多纯白。

唐代诗人描写丹顶鹤的句子尤其繁多，如薛能在《答贾支使寄鹤》中写道："瑞羽奇姿跐跮形，称为仙驭过清冥。"白居易在《池鹤》中说："低头乍恐丹砂落，晒翅常疑白雪消。"张贲也有"渥顶鲜毛品格驯，莎庭闲暇重难群"的句子。

古人认为，丹顶鹤的美，在于它的整个形体的和谐一致，而这种美的奥秘之处，无疑是因为它在那玉羽霜毛之上还具有一个朱顶、丹砂，显得典雅而风流，令人难以忘怀。

丹顶鹤的寿命可达五六十年，这在鸟类世界中算是较长寿的，因此仙鹤也可以作为多福多寿的象征。鹤寿无量，鹤与龟一样被视为长寿之王，后世常常以"鹤寿""鹤龄""鹤算"作为祝寿之词。

鹤常和松画在一起，取名为"松鹤长春""鹤寿松龄"；鹤与龟画在一起，其吉祥意义是"龟鹤齐龄""龟鹤延年"；鹤与鹿、梧桐画在一起，表示

白居易（772—846），字乐天，晚年又号香山居士，唐代诗人，文学史上负有盛名且影响深远的诗人和文学家。他的诗歌题材广泛，形式多样，语言平易通俗，有"诗魔"和"诗王"之称。官至翰林学士、左赞善大夫。有《白氏长庆集》传世，代表诗作有《长恨歌》《卖炭翁》《琵琶行》等。

■松鹤图

■ 珐琅鹤

"六合同春"。

我国古代的诗词字画中常有"松鹤延年"图形与题字,借以表达祝君长寿的心意。画着众仙拱手仰视寿星驾鹤的吉祥图案,谓为"群仙献寿"图。

仙鹤虽然不像凤凰那样是百鸟之王,但由于鹤的性情高雅,形态美丽,因此地位仅次于凤凰。关于这个典故,也流传着一个美丽的故事。

相传在远古的黑龙江乌裕尔河附近,有一片荒芜的盐碱地。盐碱地的方圆百里只有一个小小的村落,散居着几十户人家。由于土地瘠薄,人们种不了庄稼,只能靠烧土碱艰难度日。

有一天,疾风顿起,乌云蔽空,飞沙走石。半个时辰过后,云散风定,天空骤晴,酷日如火,随着阵阵哀鸣,一个庞然怪物从天空中扎落下来。人们惊慌不已,纷纷关门闭户。

当时,有个徐姓的大胆壮汉提着木棍赶去察看,发现是一条巨龙飞落在了干涸的地上。村里人闻讯,纷纷赶来围观。只见巨龙明目如珠,双角高矗,锋利的龙爪深深地抠进干裂的土中,龙身数十丈,粗如几人合抱不拢的老榆树,上面布满簸箕大的鳞片。

看见这条巨龙双目垂泪,挣扎着曲摆首尾,欲飞不能,仰天叹望九霄的样子,村里一位银发长者告诉大家说:"龙是水性天神,能为人间行雨造福。想必是近些日子天气实在太过干燥炎热,它才这样受苦。大家赶紧搭棚浇水,救神龙脱凡归天!"

村民们一呼百应，赶紧凑集了很多木杆和被褥，给巨龙搭了一个巨大的凉棚，还从远处担来清水浇在龙的身上。可是由于天气燥热，巨龙身上的鳞片开始脱落。众人心急似火，纷纷流下了伤心的泪水。

这时，天上的百鸟仙子被人们的善良所感动，派丹顶鹤率领白鹤、白头鹤、白枕鹤、灰鹤、蓑羽鹤、大天鹅及众多鸟儿飞到人间。它们展翅盘旋，为巨龙遮日蔽荫，呼风唤雨。

不出片刻，在众鸟的鸣叫声中，天空浓云压顶，电闪雷鸣，顷刻暴雨狂泻、洪水猛涨。巨龙得水后，一跃腾入高空，随后俯首下望，曲身拱爪向救它性命的人们点首三拜。人们欢呼跳跃着为巨龙送行。

巨龙飞走之后，奇迹出现了。人们发现在巨龙飞起的地方，竟成了一个一眼望不到边的大池子，池中鱼虾丰盛，荷花、菱角花芳艳诱人，周围被龙尾扫过的地方还长出了茂密的芦苇。

从此，这里成为风调雨顺、地产丰富的宝地，连仙鹤也留下定居了。人们为了纪念与神龙、仙鹤的缘分，就把这里称为"扎龙"和"鹤乡"。

■ 黄鹤楼飞鹤壁画

仙鹤不仅在传说里占有重要位置，在我国历史上也被公认为一等的文禽。因为在我国传统的鸟文化中，鹤是"一人之下，万人之上"的，地位仅次于"凤"，也就是皇后，因此鹤代表的就是最有权势的大臣。

■ 王朝大臣衣服上的鹤形图案

补服 明清时于品服之外缀有随时依景而制的补子的官服。明代补服的补子是一块约40至50厘米见方的绸料,织绣上不同纹样,再缝缀到官服上,胸背各一,表示品级。文官的补子用鸟,武官用走兽,各分九等。清代官服也缀有补子。

我国古代王朝大臣的最高级别是"一品",因此丹顶鹤也被称为"一品鸟"。比如明代和清代都将丹顶鹤看成忠贞清正、品德高尚的代表,将一品文官的补服绣上丹顶鹤,把它列为仅次于皇家专用的龙凤的重要标识。

因为丹顶鹤能代表级别最高的官衔,因此人们也把丹顶鹤作为高官的象征。比如,我国有种吉祥纹图画的是一只鹤立在潮头岩石上。其中,取"潮"与"朝"的谐音,象征像宰相一样"一品当朝",表示官位极高,主持朝政。

追求官运亨通的人喜爱丹顶鹤,洁身自好的文人志士也十分钟爱丹顶鹤。鹤的习性是雌雄相随,步行规矩，翩翩然有君子之风，再加上鹤的鸣叫声十分响亮，《诗经》中说的"鹤鸣九皋，声闻于天"，就是描写丹顶鹤在云霄中飞翔时发出的清脆高亢的鸣叫声。

我国古代哲学著作《易经》中孚卦九二爻的爻辞称：

鸣鹤在阴，其子和之，我有好爵，吾与尔靡之。

意思是鹤在阴暗处鸣叫，远处的小鹤也会应和。自己有好酒，愿与知己共饮。

因此，古人多用翩翩然有君子之风的白鹤，比喻具有高尚品德的贤能之士，把洁身自爱，声名远播而有时誉的人称为"鹤鸣之士"。

《易经》中的那句"鸣鹤在阴，其子和之"，还有其他的寓意。我国古代有"君为臣纲，父为子纲，夫为妻纲"的道德规范，又将"父子有亲，君臣有义，夫妇有别，长幼有序，朋友有信"称为"五伦"，也就是五常。

而鹤，在我国古代"五伦"的人伦关系中代表父子关系。因为当鹤长鸣时，小鹤也鸣叫。鹤也就成了道德轮序的父鸣子和的象征。

丹顶鹤之所以能够成为古人心中的仙鹤，一个重要原因是丹顶鹤的外表感染力极强。丹顶鹤的色彩构成非常独特，整个身躯以白色为基调，二、

■雪蕉双鹤图

三级飞羽和颈部为黑色，头冠鲜红凝重。

白色固有的一尘不染的品貌特质，常使人们从中体会到纯洁、神圣、光明、洁净、正直、坦率、纱纱的思想启迪。黑色则呈现出力量、永恒、刚正、神秘、高贵、坚强的意味。

在丹顶鹤的身上，黑、白这两个极色集中在丹顶鹤的身上，会使人联想到我国的太极图中阴阳鱼黑白色彩对比所昭示的阴阳、虚实、无有、负正的对立意念，给人以神秘感和强烈锐利的美的冲击力。

红色更是我国传统文化中代表热烈、吉祥、兴奋、激情、绝艳、长寿的颜色。丹顶鹤头冠上的这一点红，使它身上的整个色彩活跃起来，给人以鲜活的美感。

丹顶鹤的静态美，有力地激发了文人的创作灵感，他们把丹顶比作红日，把白羽比作雪和玉，甚至连咳嗽吐出的都是珍珠。唐代诗人白居易就将丹顶鹤的姿态写成"低头乍恐丹砂落，晒翅常疑白雪消"。

不仅是诗文，古人在艺术领域，雕塑、绘画、音乐、舞蹈、工艺品、服装等都以鹤为题材创作了许多精品。在出土文物中，最早的鹤的雕塑出现在3200多年前的商代武丁时期。

武丁是商代第二十三位王，他的妻子妇好曾率领1.3万人出征，是华夏第一

编钟 也叫乐钟，用青铜铸成，是我国古代打击乐器，也是我国最早制造和使用的乐器。乐钟是按照音调排列起来的、大小不同的扁圆钟，依据高低的次序把扁圆钟悬挂在一个巨大的钟架上后，用"丁"字形的木槌和长形的槌分别敲打铜钟，就能发出不同的清脆悦耳的乐音。

■ 出土的青铜器莲鹤方壶

女将军，并由她率众祭祀，因而得到武丁的宠爱。

妇好去世后，武丁为了便于祭奠，把她埋在王宫附近，在墓中放了近2000件陪葬品，玉鹤就是其中两件。这两件玉雕的鹤玲珑可爱，皎洁光亮，安详似解人意，具有极强的艺术魅力。

春秋中期的青铜器莲鹤方壶，制作于2400多年前，也非常精美。在壶的盖顶，镂空的莲花瓣中间立着一只振翅欲飞的铜鹤，使整个器型显得生动活泼。

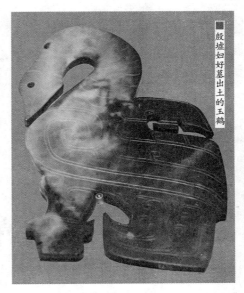
■殷墟妇好墓出土的玉鹤

著名的曾侯乙墓曾经出土瑰宝编钟乐器，也出土了鹿角立鹤青铜器。那件青铜器上雕刻着一只鹤伸出高于身长2倍的长颈，头上竟长一对鹿角，两翅展开，尾下部边缘和翅膀周边嵌满绿松石。

最奇妙的是，这件鹿角立鹤青铜器由8个部分分铸后组装而成，可拆开后重装，其巧妙的构思、奇巧的造型、精湛的工艺，都堪称一绝，表现了战国早期的古人对鹤的喜爱之情。

阅读链接

据说最初的丹顶鹤其实头上是没有那一片红色的。直到有一天，王母娘娘忙着召开蟠桃会，可是蟠桃会上用于装饰的鲜花不够了，她只好找来丹顶鹤为她运送奇花异草。

当丹顶鹤头顶最后一批艳红的牡丹飞向天庭时，王母娘娘的蟠桃会已经准备完毕了。当丹顶鹤在瑶池里见到自己的影子时，觉得头上的艳红色很好看，就再也没有摘下花来。天长日久，丹顶鹤的头顶也就慢慢变成了红色。

象征喜庆吉祥的喜鹊

喜鹊刺绣图

传说喜鹊原是天宫的仙鸟，叫鹊儿。有一年，玉帝派金牛星下凡，给人间撒了些草籽，大地处处绿茵，只是缺少花木，人间还不是很美。这话被鹊儿们听到，就把这件事转告了王母娘娘。

王母娘娘听了鹊儿的请求，心想，玉帝派金牛星给人间撒草籽，落了个好名声，我何不让百花仙子给人间送些花籽，借此名垂千古呢？可王母舍不得冬梅，再三叮嘱百花仙子：百花齐撒，独留梅花！从那时起，人间大地从春到秋，百花盛开，唯独冬天没有花。

鹊儿们议论后，偷了一株梅树苗，又派一只鹊儿衔到人间。从此大地上就有了梅花。因时值腊月花开，所以人们称它"冬梅"或"蜡梅"。

王母发现此事后，下令绑了送梅的鹊儿的双腿，并把它关进笼里。从此，鹊儿就练成了蹦蹦跳跳的本领。

■喜鹊登枝刺绣图案

后来，专管天宫鸟类的三足鸟得知此事，很同情这只鹊儿，冒风险打开笼子放了它。鹊儿飞到人间，看到梅花吐艳，就在梅枝之间跳来蹦去，还"喳喳喳"叫个不停。

这株梅花树栽在一个富人的花园里，这家小姐恰逢出嫁日，按当地风俗，姑娘正在绣楼上按照习俗哭嫁。忽然，鹊儿的阵阵叫声从窗口传了进来。

姑娘听了不知是何声音，走到窗口向花园望去。她看到梅枝上有只从未见过的鸟儿，羽毛美丽，叫声悦耳，舞步轻盈。姑娘一时高兴，取来剪刀和红纸，照着鹊儿和梅花的样子，很快便剪成了一幅窗花。

这时，家人来催姑娘快上花轿。姑娘拿着刚剪好的窗花，自言自语道："这是什么鸟呢？"

快嘴的丫鬟忙说："今日大喜，姑娘逢喜事，就叫它喜鹊吧！"姑娘上了花轿，到了婆婆家，她剪的窗花也随同嫁妆抬了过去。

男家开染坊，家主见媳妇的这幅"喜鹊登梅"的

三足鸟 也叫金乌或赤乌，是古代传说中一只居住在太阳里的金黄色三足乌鸦。古人把"金乌"作为太阳的别名。根据《山海经》等古籍的记述，三足乌是帝俊与羲和的儿子，它既有人和神的特征，又是长有三足会飞翔的踆乌。

喜鹊登枝

窗花剪得很好，就照着画了，又加了只喜鹊，寓意成双成对，双喜临门。从此以后，喜鹊就成了预兆喜事的象征。

"喜鹊叫，客人到"，这是通行古今的俗谚。喜鹊在汉代叫干鹊，《本草纲目》说喜鹊"性最恶湿，故谓之干"，这是说喜鹊喜欢天晴。

由于远道的客人雨天一般不会上路，天晴时来的可能性大，而喜鹊又喜欢在天晴时欢畅而鸣，这种巧合可能就是俗语"喜鹊叫，客人到"产生的原因。

古代时交通不便，传递信件费时又麻烦，也没有其他通信方式，因此对于古人来说，远路客人突然到来常使人喜出望外，喜鹊报喜便弥足珍贵。

喜鹊被更多的人喜爱，其实和另一个传说有关。在很久很久以前，南阳城西的牛家庄有一个叫牛郎的孤儿，自幼跟随哥哥嫂子生活。牛郎的哥嫂对牛郎并不好，要与他分家，只给了他一头老牛，叫牛郎自立门户。

从此，牛郎和老牛相依为命，他们在荒地上披荆斩棘，耕田种地，盖造房屋。一两年后，他们营造了一个小小的家，勉强可以糊口度日。可是，除了那头不会说话的老牛而外，冷清清的家只有牛郎一个人，日子过得相当寂寞。

牛郎并不知道，那老牛原是天上的金牛星。有一天，老牛突然开口说话，对牛郎说："牛郎，你去碧莲池一趟，那儿有仙女在洗澡，你把那件红色仙衣藏起来，穿红色仙衣的仙女就会成为你的妻子。"

牛郎见老牛口吐人言，又奇怪又高兴，便问道："牛大哥，你真会说话吗？你说的是真的吗？"老牛点了点头。

牛郎找到老牛说的地方，悄悄躲在碧莲池旁的芦苇里，等候仙女的来临。

不一会儿，仙女果然翩翩飘至，脱下轻罗衣裳，纵身跃入清流。牛郎便从芦苇里跑出来，拿走了红色的仙衣。仙女见有人来了，忙乱地穿上自己的衣裳，像飞鸟般地飞走了，只剩下没有衣服无法逃走的仙女，她正是天上的织女。

织女的工作，是用一种神奇的丝在织布机上织出层层叠叠的美丽的云彩，随着时间和季节的不同而变幻它们的颜色，这是"天衣"。织女常常坐在织机旁不停地织着美丽的云锦，是王母娘娘最喜爱的仙女之一。

此时，织女见自己的仙衣被一个小伙子拿走，又羞又急，却又无可奈何。这个时候，牛郎走上前来，对织女说，要织女答应做他妻子，他才能还给她的衣裳。织女含羞答应了他。

这样，织女便做了牛郎的妻子。他们结婚以后，男耕女织，相亲相爱，日子过得非常美满幸

牛郎织女盗衣结缘

牛郎织女男耕女织

福。不久，他们生下了一儿一女。

牛郎织女以为能终身相守，白头到老。可是，王母娘娘知道这件事后，马上派遣天神仙女捉织女回天庭问罪。

这一天，织女正在做饭，下地去的牛郎匆匆赶回，眼睛红肿着告诉织女说："牛大哥去世了，他临死前说，要我在他死后，将他的牛皮剥下放好，有朝一日，披上它，就可飞上天去。"

织女一听，心中纳闷，它怎么会突然死去呢？织女便让牛郎剥下牛皮，好好埋葬了老牛。

正在这时，天空狂风大作，天兵天将从天而降，不容分说，押解着织女便飞上了天空。

正飞着，织女听到了牛郎的声音："织女，等等我！"织女回头一看，只见牛郎用一对箩筐，挑着两个儿女，披着牛皮赶来了。慢慢地，他们之间的距离越来越近了，织女已经可以看清儿女们可爱的模样，孩子们也都欣喜地张开双臂，大声呼喊着"妈妈"。

眼看牛郎和织女就要相逢了，可就在这时，王母驾着祥云赶来了，她拔下头上的金簪，往他们中间一划，霎时间，一条天河波涛滚滚地横在了织女和牛郎之间，无法横越了。

织女望着天河对岸的牛郎和儿女们，哭得声嘶力竭，牛郎和孩子也哭得死去活来。他们的哭声，孩子们一声声"妈妈"的喊声，是那

吉祥如意

吉祥物品与文化内涵

样撕心裂胆，催人泪下，就连在旁的仙女、天神都觉得于心不忍。

王母娘娘有些动容，就让他们在每年农历七月初七相会。但是，隔着那样一条长长的银河，他们又怎能一家团聚呢？

这时，又是热心的喜鹊们想出了办法。每到七月七日，就会有千万只喜鹊飞来，搭成鹊桥，让牛郎织女走上鹊桥相会。

因此，每到七月七日，人们都到处看不见喜鹊的踪影，因为它们都去为牛郎织女搭鹊桥了。

喜鹊不仅能预报喜事，成就美好姻缘，还十分懂得知足报恩，是种有情有义的吉祥动物。唐代小说家张鹭在唐代笔记小说集《朝野佥载》的卷四中，写下了这么一个"鹊噪狱楼"的传说：

贞观末年，有个叫黎景逸的人，家门前的树上有个鹊巢，他常喂食巢里的鹊儿，天长日久，喜鹊和他之间有了感情。后来，黎景逸被人诬陷为盗贼，冤枉入狱，令他倍感痛苦。

突然有一天，黎景逸看见自己总喂食的那只喜鹊停在狱窗前欢叫不停，像是在兴奋地讲着什么喜事。黎景逸暗自想，大约有好消息要

牛郎织女鹊桥相会

来了。果然，3天后他被无罪释放。后来，黎景逸才知道是因为那只喜鹊变成人后假传圣旨，才把他救出来的。

这是我国很传统的鸟兽报恩故事类型。一只喜鹊因为老吃"邻居"喂饲的饭食，对人起了感激之心。当恩人落难的时候，不但亲自到狱楼上去传好消息，还化身为人，假传圣旨，帮助恩人脱难。"玄衣素衿"，正是喜鹊的服装形象。

古代儒家认为喜鹊的地位非常尊贵，将喜鹊奉为"圣贤鸟"。喜鹊一年到头，不管是鸣还是唱，是喜还是悲，也不管是在地上还是在枝头，年幼还是衰朽，临死还是新生，发出的声音始终都是一个调，一种音。儒家眼中的圣贤、君子，就是要表现得像喜鹊那样恒常、稳定、明确、坚毅、始终如一。

因此，儒家经常要求人们向喜鹊学习，把喜鹊当成圣贤的楷模。再加上喜鹊的叫声为"喳喳喳喳，喳喳喳喳"，意为"喜事到家，喜事到家"，所以喜鹊在我国民间是吉祥的象征。

阅读链接

七夕前后，喜鹊的脑门总是光秃秃的没有毛，传说这是因为喜鹊总是要赶在七夕的时候去为牛郎和织女搭桥，被他们踩得连头顶都秃了。

喜鹊很苦恼自己的样子，又不忍心扔下牛郎和织女不管，左右为难。织女发现了它们的心事之后十分感激，想要报答它们，却又苦于没法治愈它们的羽毛，就把自己编织东西的心得和技巧告诉了喜鹊。因此，喜鹊是鸟类当中最会筑巢的，不但善于编织，还善于抹砌。

我国自古以来就有以花卉象征吉祥如意的传统。各类的花草植物，都是幸福美好、吉祥如意的象征，被赋予了真、善、美的意义，或代表着花开富贵，或象征着延年益寿，或寓意着自身的高风亮节，都是人们对生活的美好心愿。花卉寓意，从一个侧面折射出了人们的生活品位和追求。

用花卉做吉祥物，在我国有着悠久的历史。当花卉成为人们生活中重要的组成部分，它就成为一种典雅高贵的文化。当这成为很多人共同的爱好，它就成为人们的精神动力了。

延年益寿

吉祥花草

己未春日写似
伴翁老先生
谢荪

傲骨凌寒飘香的梅花

梅花

唐代传奇小说《龙城录》曾经记载了这么一个故事：隋开皇年间，有一个叫赵师雄的人，一次到罗浮去。一天，天气寒冷，快到傍晚时分，赵师雄喝酒喝得迷迷糊糊、半醉半醒，就停车休息，在松树林附近的一处客栈落脚。

这时，只见一个美貌女子淡妆素服，出现在师雄的面前。此时正值冬日，天色已经昏暗了，月色刚刚显现，地上还有残雪没有融化，此情此景，让他欣喜不已。

赵师雄上前去和这位女子攀谈，感到一阵

阵芳香扑面而来，女子的声音极为清丽。于是相约敲开酒家门，买了酒共饮。共饮之际，又有一个绿衣童子进来，谈笑歌舞，三人非常尽兴。

不久，赵师雄就睡着了，等到由于风寒而冻醒时，一看天已经亮了，而自己正躺在大梅花树下，树上有翠绿羽毛的小鸟在鸣叫，但女子已经不知去向。

■梅花与鸟

赵师雄感到十分惆怅、遗憾，事后静心一想，才明白昨晚那位美人正是梅花所化，而绿衣的童子应该就是树上的翠鸟。后人常用"罗浮山"比喻梅花，用"梅下开樽"写人快活逍遥、舒适自在的生活。

有关梅的最早文字记载当推民间歌谣的汇集《诗经》，写有"山有佳卉，侯栗侯梅"。《诗经·周南》里说："缥有梅，其实七兮！"我国重要古籍《山海经》里也有"灵山有木多梅"的记载。

梅花是中华民族的精神象征，具有强大而普遍的感染力和推动力。梅花象征坚韧不拔，百折不挠，奋勇当先，自强不息的精神品质。别的花都是春天才开，它却具有凌寒傲骨，越是寒冷，越是风欺雪压，花开得越精神，越秀气。北宋政治家王安石曾作诗赞咏梅花说：

王安石（1021—1086），字介甫，号半山。封为舒国公，后又改封荆国公。世人又称"王荆公"。北宋临川盐阜岭人，即现在的江西省抚州市临川区邓家巷。我国历史上杰出的政治家、思想家、文学家、改革家，"唐宋八大家"之一。北宋丞相、新党领袖。传世文集有《王临川集》《临川先生文集》等。

吉祥物品与文化内涵

墙角数枝梅，凌寒独自开。

遥知不是雪，为有暗香来。

　　梅花是中华民族认为最有骨气的花，几千年来，它那迎雪吐艳，凌寒飘香，铁骨冰心的崇高品质和坚贞气节鼓励了一代又一代中国人不畏艰险，奋勇开拓，创造了优秀的生活与文明。

　　有人认为，梅的品格与气节几乎写意了我们"龙的传人"的精神面貌。全国上至显达，下至布衣，几千年来对梅花深爱有加。文学艺术史上，梅诗、梅画数量之多，足以令任何一种花卉都望尘莫及。

梅花寒香图

　　梅花高风亮节，二十四番花信之首的梅花，冰枝嫩绿，疏影清雅，花色美秀，幽香宜人花期独早，"万花敢向雪中出，一树独先"，天下春被誉为花魁。梅花的崇高品格和坚贞气节，象征着我们龙的传人之精神。

　　梅花培植起于商代，已有近4000年历史。梅是花中寿星，我国不少地区尚有千年古梅，湖北黄梅县有株1600多岁的晋梅，如今还在岁岁作花。梅花斗雪吐艳，凌寒留香，铁骨冰心，高风亮节的形象，鼓励着人们自强不息，坚韧不拔地

■梅花水墨画

去迎接春的到来。

　　梅花的象征意义更多是关于人的拼搏，是不畏艰险的骨气，是一种不管历尽多少磨难，受到怎样的欺凌，从来都顶天立地，不肯低头折节的精神，这也正是中华民族的民族精神。

　　梅花在传统文化中是高洁、傲骨的象征，被人们誉为钢筋铁骨，古往今来的诗词歌赋，以梅为题者最多，或咏其风韵独胜，或咏其神形俱清，或赞其标格秀雅，或颂其节操凝重。梅花不畏寒冷，独步早春的精神，象征刚毅精神和崇高品格。

阅读链接

　　传说早年的杭州有个心灵手巧的老石匠。有一天，老石匠在南山脚下发现一块白花花的石头，清清楚楚地映着一株梅花影子，就像长在石头上一般。老石匠将石头背回家来，日复一日地雕刻，终于雕成了一块梅花碑。

　　年代过得久了，奇怪的事情也就出现了。石碑上的梅花变得会开会谢，每年春天，别的树上梅花才含苞，石碑上的梅花却已经盛开；夏天，别的树儿刚发青，石碑上梅树早已一片葱郁；秋天，别的树上叶儿落得一片不剩的时候，石碑上的梅树才开始落叶；冬天，西北风把别的梅树吹得七歪八斜，只有石碑上的梅树挺立在那里一动不动。

幽香宜人的高洁兰花

　　兰花是我国十大名花之一，它以叶秀花香著称，不论何种兰花，都带有宜人的幽香。它的香气浓而不烈，香而不浊，姿态高洁，是文人雅士最爱的花之一。

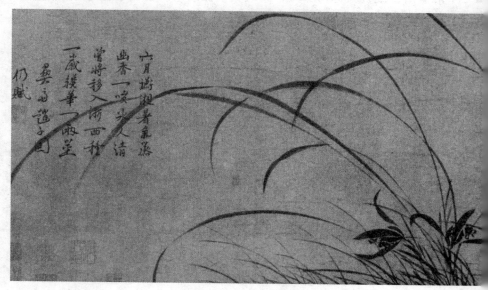

相传在清代乾隆年间，浙江绍兴有个以经营茶叶、棉布为业的商人叫宋锦旋。由于他经营得法，十几年下来，便成了当地闻名的富户。

虽然宋锦旋家财万贯，但因为由于出身寒苦，所以很能体谅贫苦的乡邻，经常会接济他们，而平日自己却是粗茶淡饭，仍然过着清苦日子。

宋锦旋有一喜好，就是喜欢兰花。他爱兰、采兰、养兰，虽然生活很简朴，却常常为了得到一盆好兰花而一掷千金。由于家住山区，每到春天的时候，宋锦旋都抽空上山寻找兰花，带回家里养。

有一年初春的一个夜晚，宋锦旋正在迷迷糊糊地睡觉，忽然看到一个头发花白的老婆婆，领着一个十五六岁的少女站在他面前，开口说："这小女孩是我的邻居，无爹无娘，生活无依无靠，我早就听说先生同情别人困苦，乐善好施，因此把孩子带来投靠先

茶叶 我国南方的嘉木，茶树的叶子制成茶叶后可以泡水饮用，有强心、利尿的功效，是一种保健饮品。茶的口感甘甜，清新醇厚，香味持久，是我国各地普遍受欢迎的一种饮料，同时也是世界三大饮料之首。茶是我国人民对世界饮食文化的贡献。

■墨兰图

■ 兰花图

宋锦旋听后，仔细地打量了一下那个女孩，发现那个孩子虽衣衫褴褛，但是一副眉清目秀的鹅蛋脸端端正正，柳叶眉，杏仁眼，是个十分俊俏的孩子。宋锦旋想起自己幼时的困苦，心里一酸，张口说道："我本也是贫苦出身，您要是信得过，就把这孩子交给我吧。"

老婆婆十分感激，留下小姑娘后再三叩头作揖，说不尽的千恩万谢。宋锦旋彬彬有礼地把老婆婆送到门口拱手告别。

这时，"隆隆"几声春雷把宋锦旋惊醒，他定了定神，方知刚才所发生的一切竟是一个梦。

几天之后，一个风和日暖的午后，宋锦旋又上山寻觅兰花，他知道兰花多生在阴坡，一路找去见到的兰花虽多，可尽是些花苞尖瘦如钉，苞衣薄而色彩淡，叶幅细狭而苞尖不虚的花。

宋锦旋只好继续翻过一座又一座的山。春风拂面，鸟雀们婉转地鸣叫着，增添了几分清幽的气氛。宋锦旋觅兰的兴致正浓，抬头一看，天边已红日西斜。他拖着两条疲惫的腿，带着几分失望缓缓地走下山来。

一不小心，宋锦旋被山路上一块凸起的石头绊了一下，摔了个仰面朝天。他慢慢地从地上爬起来，忽然见到不远处的荆棘丛中长着一小丛兰草在微风中抖动着，马上凑近前去细看。

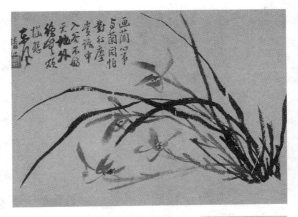

这株兰的兰叶在阳光的照射下显得浓绿宽阔，油光闪亮，片片弯弧、似柔带刚，还有个形似莲子的微微鼓起的花苞。宋锦旋小心翼翼地挖起兰花带回家，把这株兰花种在了一个泥盆子里。

■ 兰花图

十多天过去了，兰花慢慢抽长了花蕊，终于开花了。这花形高过兰叶，肩平梗青，三瓣嫩绿、紧圆，头带尖峰，沿外三瓣边缘是活像用雪围出的一圈白线；蚕蛾捧、刘海舌，和那幅面宽阔起凹，端部钝圆的叶形浑然一体，相映成趣，像少女般体态优雅，婀娜多姿。

宋锦旋一生痴迷兰花，一下子就看出这兰花长的是梅花的花瓣型，属梅瓣极品。如获至宝的宋锦旋喜出望外，捧着这盆兰花总觉得看不够。

看的时间长了，宋锦旋突然恍然大悟过来：这兰花的叶形、花形如此楚楚动人，不就是当时在梦中所见那位眉清目秀的小姑娘吗？

从此，宋锦旋更加精心地培育着这盆兰花，让它不断地茁壮成长，繁衍生息，并以自己的姓氏给这兰花命名为"宋梅"。虽然后人也陆陆续续地寻觅到了众多的梅瓣新种，但宋梅始终是兰花梅瓣中的佼佼者。

康乾盛世 又称"康雍乾盛世"，是我国清王朝前期的盛世。康乾盛世起于1681年平"三藩之乱"，止于1796年，持续时间长达115年，是清代发展的最高峰。在此期间社会稳定，经济快速发展，人口增长迅速，疆域辽阔。但因制度僵化，闭关锁国，使得这一局面无法长久。

王羲之（303—361；一作321—379，又作307—365），字逸少，我国东晋时期著名的书法家，有"书圣"之称。王羲之的书法兼善隶、草、楷、行各体，广采众长，冶于一炉，自成一家，影响深远。其代表作《兰亭序》被誉为"天下第一行书"。在书法史上，他与其子王献之合称"二王"。

开创了康乾盛世的康熙帝曾经为兰花作诗，他在《咏幽兰》中写道：

　　娜娜花姿碧叶长，风来谁隐谷中香。
　　不因纫取堪为佩，纵使无人亦自芳。

　　兰花喜阴，性洁，香清味淡，雅逸幽致而格高，因此历来被文人士大夫、诗人、画家所钟情喜爱。

　　为什么他们对兰花情有独钟，爱之不厌？因为儒家追求的人生宗旨是进则立功，退则静养的标准，立功不成就退而植花养草，著书立说授徒传道，或结社吟诗雅咏酬唱写字画画。而兰花那种淡雅幽贞的品性，就自然而然、顺理成章地成为他们娱情寄志的理想对象了。

　　在儒家看来，不得志就卧隐山林，"独善其身"，不乱其所为，像兰花一样生在荆棘丛中也表现

■ 古画《兰花图》

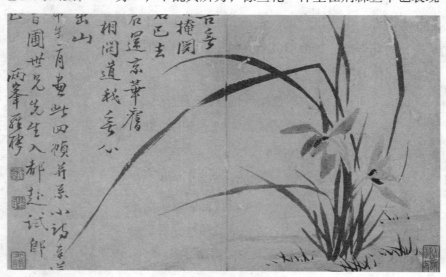

君子之风和高洁的操守。这种人生观与价值观，左右和支撑我国的思想意识已有2500多年的历史了，并将注定继续影响下去。

古人喜爱兰花，创造了浩如烟海的兰诗、兰文、兰书、兰画等不朽的文艺杰作，在这样的文化背景下，兰花更行其盛，已进入寻常百姓家，同古玩字画一并成为太平盛世的名片，独领风骚，贡献巨大。

兰花清淡而高洁，玲珑美丽，东晋时期的书法家王羲之十分喜爱兰花，他养兰赏兰，对兰花的痴迷达到废寝忘食的地步。甚至于在精研书法体势时，王羲之也得益于爱兰。兰叶青翠欲滴，素静整洁，疏密相宜，流畅飘逸，跟书法多少有相似之处。

阅读链接

在苍翠欲滴的宇龙山中，生长着珍稀奇异的兰花姐妹。有一年，妹妹被爱兰花的游人取走了，唯有兰花姐姐独自留在寂寞的山崖上。

后来，一对恋人手牵着手走进森林，看到了兰花姐姐的姿容。姑娘望着险峻的山崖叹息道："好香好美好可爱的兰花哟！如能得到此生无憾啊！"小伙子一听，奋不顾身攀到崖壁，小心翼翼地连根带泥把兰花姐姐取走了。姑娘满怀深情地收下她，日夜精心照料，毫不懈怠，人们交口赞许这是兰花家族中的精品。

具有高洁风姿的竹子

　　竹子四季常青，姿态优美，在我国源远流长的文化史上，松、竹、梅被誉为"岁寒三友"，而梅、兰、竹、菊被称为"四君子"，竹子皆列其中，可见竹子在我国人民心中占有重要地位。

古代墨竹图

■ 古画《墨竹》

相传在东晋时期，随阳山区人烟稀少，荒山野岭，茅草丛生，当地人全靠挖野菜种红苕为生，生活非常困苦。东晋道教学者葛洪遍访名山，发现随阳这个地方很有灵气，就在仙人洞、黄葛峰和随阳山结庵修炼。

当地人知道葛洪是著名的炼丹家，世称"小仙翁"，就把追求幸福的希望寄托在了葛洪身上，求神拜仙，诚心祈求他告知众仙，救苦救难。

葛洪接到人们的恳求之后，就去普陀山请求观音菩萨。观音问他："来求你找我的百姓们有何苦何难呢？"葛洪回答说："百姓生活很苦，只求衣食不愁。"观音指点他说："想要衣食富足的话，就种竹

葛洪（284—364），字稚川，自号抱朴子，东晋道教学者、炼丹家、医学家，世称"小仙翁"。葛洪曾受封为关内侯，后隐居罗浮山炼丹。葛洪是我国东晋时期有名的医生，是预防医学的介导者，其在炼丹方面也颇有心得，丹书《抱朴子·内篇》具体地描写了炼制金银丹药等多方面有关化学的知识。

■ 古画《节竹》

吉祥物品与文化内涵

苏东坡（1037—1101），宋代文学家。字子瞻，一字和仲，号东坡居士。宋代"豪放词派"代表人物。与父苏洵、弟苏辙合称"三苏"，为"唐宋八大家"之一。其诗题材广阔，清新豪健，善用夸张比喻，独具风格，与黄庭坚并称"苏黄"。苏东坡曾官至礼部尚书，学识渊博，但却喜奖励后进。

子吧！"

葛洪听说竹子是天宫里才有的圣物，很惊讶地问道："要在哪里能找到竹子来种呢？"观音听后，手向南山一指，随阳山上就出现了一片茂密的紫竹林。待观音的法语一吟，根根竹子更显得精神了。

葛洪十分高兴，就把随阳山的竹子分给当地百姓栽种。可是第二年大雪封山，雪压竹倒，葛洪又去找观音菩萨，只见菩萨门上写了"楠竹"2字，葛洪会意，原来竹林中少了树木，回来就吩咐人们在竹林中间栽一些树木，防止竹子被大雪压倒。

随着竹林的生长，当地人的生活也随之变好了，大家都认为是竹子带来了祥和富贵的仙气。

后来，葛洪为感谢观音的指点，就立了一条规矩，每隔60年竹林中要生长一根"观音竹"，发现后就送到庙里，放在观音像前供奉谢。

"宁可食无肉，不可居无竹"，是宋代著名文学家苏东坡的一句名言，揭示了中华文明史中一个特殊的现象。竹作为一种特殊的质体，已渗透到中华民族物质和精神生活的方方面面。

同其他林木相比，竹子颇有一些独特之处，如虚心、有节、清拔凌云、不畏霜雪、随处而安等。这些特点，很自然地与历史上某些审美趣味、伦理道德意识发生契合，成为君子贤人等理想人格的化身，并对我国传统文化的发展产生深刻的影响。

从殷商时期出现在竹简上的刻字，到六朝时期发明的竹纸，竹作为我国文化传播积累的载体，在文

竹简 战国至魏晋时代的书写材料。是削制成的狭长竹片或木片，竹片称简，木片称札或牍，统称为简。竹简均用毛笔墨书。册的长度，如写诏书律令的长三尺，抄写经书的长二尺四寸，民间写书信的长一尺。

057

■ 苏轼作品《潇湘竹石图》

化发展中始终占有重要地位，对保存人类知识和形成中华民族源远流长、光辉灿烂的历史文化起到了直接和间接的作用。

竹直接作为审美对象进入绘画，在我国古代美术史上留下的佳作甚多。它的形象出现在绘画中，也早于其他一些草木。据画史记载，自东晋起，在顾恺之、陆探微等一些名画家的作品中，就曾有过竹的形象。自此以后，画竹在绘画领域逐渐发展成为独立一门。

宋代墨竹大师文同是著名的"湖州竹派"的创始者，其在墨竹史上的地位，犹如书法中的王羲之。他虽不是墨竹的创始人，但是他集前人墨竹画法之大成，首先提出作画之前要"胸有成竹"，作画之时要"兔起鹘落"，一挥而就。

在用墨上，文同创造了"以深为面，淡为背"，用深墨画竹叶的正面，淡墨画背面；在用笔上，注意发挥书法的用笔特点，其"胸有成竹"的绘画理论对后世影响深远，代表作《墨竹图》笔墨爽适，形迹奔放，表现了竹子临风擎雨的神韵。

■北宋文同《墨竹图》

元代绘画崇尚清简，墨竹正迎合了这种审美情趣，因而大为盛行。这一时期出现了一些专工墨竹的画家，如李衍、顾安等，很多山水、花鸟画家大都兼善此道。在绘画史上，李所写的第一部《竹谱》，就是以文同画竹法写成的，李的《竹谱详录》也于此时问世，之后有关墨竹的论著、图谱接踉而出，形成了我国绘画史上的一股墨竹热潮。

竹子不仅寓意高洁的风姿，还寓意旺盛的生命力。在我国南方的少数地区，人们会在新婚夫妇的洞房门前贴上一副对联，上面写着："岭上红梅多结子，山中绿竹早生孙。"

在竹乡咸宁，每年元宵节前后要举行灯谜会。灯用篾片扎成，外糊各色篾纸，纸上绘有精美图画，并写上谜语，谜底往往与竹有关，人们称之为"竹上加竹"。

因咸宁方言竹与肉同音，因此也称为"肉上加肉"，后来引申成了"竹上加竹，大富大贵"。而那些与竹有关的谜语，大多风趣形象。

比如竹晒垫的灯谜是这么写的："两头圆圆，滚开成方，太阳出山，□□□□"，就把晒垫的作用和形象描述得十分生动贴切。深

古画《修竹》

阅读链接

相传，竹乡溪边竹林里有一间竹寮，住着一位年轻的吹箫能手竹鸣，他每晚都对着榕江吹箫，箫声如夜莺啼唱，似凤凰欢鸣。姑娘阿凤被箫声迷住了，两人日久生情，决定相伴一生。

竹乡有个恶霸绰号"乌狗蜂"。他一向垂涎阿凤的美色，对她早有歹意，便纠集恶棍来到竹林想抢走阿凤。竹鸣、阿凤逃到江岸尽头，前面是一片白茫茫的江水，后面"乌狗蜂"又追到。眼看走投无路，竹鸣含泪吹起竹箫，箫声一起，江面狂风大作，惊涛汹涌。一对情人抱在一起，双双跳进了波澜滔滔的榕江。因此，江边的竹子都形似凤尾，枝干带刺。

充满隐逸文化的菊花

关于菊花的故事，在我国民间流传很多。早在2000多年前，汉代学者应劭在《风俗通义》里记载了有关菊花的传说故事。

据说河南南阳郦县有个叫甘谷的村庄。谷中水甜美，山上长着许

■古画《菊花图》

多很大的菊花。一股山泉从山上菊花丛中流过，花瓣散落水中，使水含有菊花的清香。

甘谷村30多户人家都饮用这山泉水。一般都活到130岁左右，最小的也有七八十岁。汉武帝时，皇宫中每到重阳节都要饮菊花酒，说是"令人长寿"。

关于菊花的诗歌，最早的大概要算屈原的"朝饮木兰之坠露兮，夕餐秋菊之落英"了。在这里，菊花代表了诗人高洁的品质。

■ 菊花图

屈原这位自称"举世皆浊我独清，世人皆醉我独醒"的千古第一诗人，在被放逐途中，为表达自己高尚的爱国情操和不与世俗同流合污的坚贞品质，餐秋菊之落英，吟出了不朽的杰作《离骚》。

"建安文学"的杰出代表曹植，在其脍炙人口的名篇《洛神赋》中，有这样的句子：

　　其形也，翩若惊鸿，婉若游龙，荣曜秋菊，华茂春松。

曹植用菊花比喻裙裾飘飘、翩然飞舞的洛神的容

建安文学 建安是东汉末年汉献帝的年号，这时期的政治大权完全操纵在曹操手里。而且那时的文学领袖都是曹家人物，著名的"建安七子"也大多死于建安年间，故称这时期的文学为建安文学。建安文学是充分展示个体生命的文学，它充分展示着伟大的生命精神，具有恒久的魅力和价值。被称为"建安风骨"。

■ 菊花图

光鲜丽，以致写尽了洛神的风度和气质。

晋宋之际的思想家、文学家陶渊明，以田园诗人和隐逸者的姿态，赋予菊花独特的超脱的风格，菊花从此便有了灵性。陶渊明在《饮酒》一诗中这样写道：

结庐在人境，而无车马喧。
问君何能尔，心远地自偏。
采菊东篱下，悠然见南山。
山气日夕佳，飞鸟相与还。
此中有真意，欲辨已忘言。

一语天然万古新，豪华落尽见真淳，道出了多少只可意会，不可言传的人生真谛！

一改菊花隐逸者形象的，当然要数唐末农民起义领袖黄巢了，他在《不第后赋菊》诗中这样写道：

待到秋来九月八，我花开后百花杀。
冲天香阵透长安，满城尽带黄金甲。

在其带有明显寓意和倾向性的诗作里，菊花成了饱经沧桑的勇敢坚强的斗士，为民请命，替天行道。"槛菊愁烟兰泣露，罗幕轻寒，燕子双飞去。"

黄巢 （820—884），唐末农民起义的领袖人物，由于他的人格魅力和过人胆识，最终取代王仙芝而成为这场大起义的总领袖，由他领导的这场大起义沉重地打击了腐朽的李唐王朝，为社会由分裂向统一过渡准备了条件，从而推动了历史继续向前发展。

以写小令见长的北宋富贵词人晏殊赋予了菊花悲凉的风格。

无独有偶，元代大剧作家王实甫的《西厢记》中也有这样的句子：

碧云天，黄花地，西风紧，北雁南飞。
晓来谁染霜林醉，总是离人泪。

满地凋零的菊花为剧中主人公的离情别绪做了衬托和渲染，菊花成了伤感意境中的代表景物。

菊花，在千古第一女词人李清照的笔下往往成了寄托情思的对象。不仅有思念远方丈夫，顾影自怜的诗句"莫道不销魂，帘卷西风，人比黄花瘦"；而且还有哀叹个人命运，抒写国破家亡的深悲剧痛的"满地黄花堆积，憔悴损，如今有谁堪摘"的悲伤诗句。

代表着我国古代小说艺术最高成就的长篇巨著《红楼梦》，对菊花也有着细致的描写。

清高孤傲、多愁善感的林黛玉所作的《问菊》《菊梦》等诗篇，赞美了菊花的高洁品质，和菊花进行着心灵上和情感上的交

《西厢记》 全名《崔莺莺待月西厢记》。元代著名杂剧作家王实甫创作。它的曲词华艳优美，富于诗的意境。是我国古典戏剧的现实主义杰作，对后来以爱情为题材的小说、戏剧创作影响很大。在经典古代名著《红楼梦》中，也有提到此书。

洋菊图

菊花竹石图

流。如《菊梦》中写道：

登仙非慕庄生梦，忆旧还寻陶令盟。

睡去依依随雁断，惊回故故恼蛩鸣。

在这些诗句中，菊花为塑造林黛玉的形象，起到了重要的作用。一样的菊花，因不同的人来观赏、品味，自然便具有了不同的意义和风格了。

吉祥如意

吉祥物品与文化内涵

阅读链接

传说在古时候，渤海里住着龙王三太子，兴风作浪祸害人，每月吃一对童男童女，每年要一个十七八岁的姑娘做老婆。

那年，一个叫菊花的姑娘主动提出和三太子成婚。新婚酒宴上，菊花一次又一次给三太子斟酒。趁三太子酒醉除掉了他。后来，在虾兵蟹将的追逐下，菊花撞死在礁石上。第二天，人们发现有个新岛出现在海面，次年春天，岛上开满了菊花，从此再也不见三太子来作恶了，大家这才明白发生了什么事，人们给这个岛起名为菊花岛，在岸上立了一座石像来纪念菊花姑娘。

象征富贵长寿的灵芝

　　灵芝自古以来就被认为是吉祥、富贵、美好、长寿的象征，有"仙草""瑞草"之称，中医一直视其为滋补强壮、固本扶正的珍贵中草药。民间传说灵芝有起死回生、长生不老之功效。

　　灵芝的神奇功效流传民间，还要归功于那些美丽的传说：很早以前，仙草灵芝只生长在天庭之中。由于太过于珍贵，又具有祥和之气，王母娘娘就将其中一株灵芝安置在了凡间，让它以仙气哺育世人。

　　龙宫中美丽的龙女公主经常跑到岸上，游览凡

玉雕灵芝摆件

■ 灵芝圣母图

吉祥如意

吉祥物品与文化内涵

龙女 传说中龙王的女儿，传说龙女8岁成就佛法，于刹那间，发菩提心，即成正果之事。龙女曾与号称"智慧第一"的舍利弗对话后变成男相，飞往南方无垢世界。龙女成佛后，为了方便教化众生，便在观世音菩萨身旁做了胁持。

间的景色。因为龙母的身体不好，龙女除了四处看风景之外，还经常把山上的当归、香兰采回龙宫，给龙母治病。

在附近一座山的岩屋里，住着个名叫有生的小伙子，靠采药为生。有生家中只有一个老父亲，得了重病，躺在床上已经3年了，生活非常贫苦，因此他也经常上山采药。

有生曾经遇见过龙女几回，虽然他不知道她的身份，但被她的风采和姿容所吸引，又窘迫于自家的落魄，因此从来不敢对龙女说一句话，龙女也对他毫不知情。

有生有时想起自己的家境之苦，想起自己的责任之大，又忧心家中重病的父亲，又憧憬着和龙女相识，就经常在山上闲坐，用随身带着的紫竹箫给自己解闷。

有生常常在月明风清的夜晚，爬上静谧的山头，端坐在岩石上吹箫。由于他的技艺过人，箫声非常的动听，像泉水出洞，像百鸟齐鸣；吹得月亮用云彩遮脸，吹得树叶掉泪。

如此真挚、深情的箫声，终于感动了山上的仙草灵芝。灵芝常常侧耳欣赏有生的箫声，每当听到动情处，就暗暗落下泪来。

一天，有生正在深山老林里采集中药，偶然看到龙女手提一个竹篮，神色忧虑地寻找着什么。有生鼓起勇气上前问候。

龙女告诉他说，自己是龙宫里的公主，如今母亲病了，想找传说中的仙草来救治。自己虽然不知道仙草长什么样子，但是听来龙宫游览过的哪吒提过，灵芝是种祥瑞之草，长得像一朵小小的祥云。可是哪里也找不见，正在着急。

■ 古画中的灵芝

有生马上说："你别太着急，我来帮你找吧！"但是两个人找了一整天，都没有寻见灵芝的踪迹。灵芝也一声不吭地藏在草木之中，因为它记得王母嘱咐过，如果轻易暴露自己，会给世间带来灾祸。

到了夜晚，有生忧虑着龙女白天说的话，想到自己终于能得以同心仪的女孩说上一句话，却对她恳切的要求无能为力，越想越伤心。于是，他又爬上山，吹起了心爱的紫竹箫。

哀怨深沉的箫声，再一

■灵芝笔洗

次让灵芝动容了。它想，虽说王母娘娘嘱咐过，但如今自己能救人一命，也是帮助世人解忧，何乐而不为呢？再说有生这么好的人，不该总折磨他呀。

灵芝把自己的灵魂化成了无数个分身，高高地飘起来，散落在了世间各处，也悄悄地在山上显露了身影。百花仙子感受到了灵芝的心意，也来帮助它安然地生长在了深山之中。

第二天，有生照例上山采药时，突然发现了一株以前自己从未见过的草。那棵草扁扁的，有点儿像蘑菇，又有点儿像荷叶，微微弯曲的样子就如一朵小小的祥云。

想起龙女对灵芝的描述，有生的心脏剧烈地跳起来。难道这就是传说中的仙草？他屏住呼吸，细细地观察了一下，决定把这棵仙草带回家，看看药效。

当有生自己喝了用灵芝煮的水之后，感觉精神好了很多。他连忙给父亲服用，父亲的顽疾居然痊愈了。有生欣喜若狂，连忙把这个消息通知给了村民们。

村民们十分高兴，纷纷上山去采灵芝。可是他们的心太急切了，破坏了不少的花草树木，激怒了灵芝和百花仙子。灵芝立即减少了自己开放生长的数量，百花仙子也用各类草木将灵芝藏了起来。

那些已经生根的灵芝，仍旧开放在各处，等待着有朝一日能被有生和龙女这样孝顺的子女找到，为他们的父母消灾，延年益寿，造福人间。从此以后，关于灵芝的神奇功效，就在民间流传开来。

《白蛇传》是我国家喻户晓的著名的民间传奇故事之一，书中的白素贞和小青是修炼成仙的蛇精，和尚法海认为二人是蛇妖，百般破坏白素贞和许仙婚姻，唆使许仙于端午节日劝白素贞饮雄黄酒，使白素贞现原形。

看见妻子本来面目的许仙因惊吓过度而昏死。白素贞为救夫君，只身前往南极仙翁那里盗仙草，仙长怜其救夫心切，赠予仙草，救活了许仙。故事中白素贞所盗的仙草，就是灵芝。

其实，灵芝的医疗功效不只是传说。我国最早的药物学专著《神农本草经》根据中医的阴阳五行学说，按五种颜色将灵芝分为青芝或龙芝、赤芝或丹芝、黄芝或金芝、白芝或玉芝、黑芝或玄芝五类，称"五芝"。此外还有紫芝，也叫木芝。书中详细地描述了此6类灵芝的产地、气味和主治功效，如明目、益心气、益脾气、益肺气、利关节等。还强调这6种

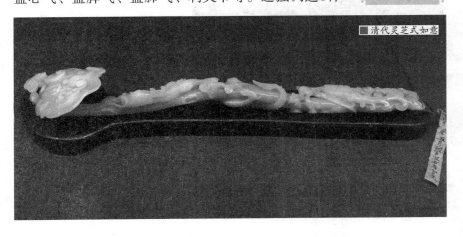
■清代灵芝式如意

灵芝都可以"久食轻身不老，延年神仙"。

明代医学家李时珍在药学著作《本草纲目》中也记载说：

灵芝性平，味苦，无毒，主胸中结，益心气，补中，增智慧，不忘，久服轻身不老，延年神仙。

据《本草纲目》记载，有一种灵芝叫赤芝，产于霍山。作为我国传统的珍贵药材，赤芝具备很高的药用价值。

后代的医学家也加以证实，灵芝对于增强人体免疫力、调节血糖、控制血压、辅助肿瘤放化疗、保肝护肝、促进睡眠等方面均具有显著疗效。

由于灵芝太过稀有，自从汉代以来，灵芝就一直是宫中御用贡品，一般的老百姓是见不到的。因为药材少见，以至于很多老中医都不是很清楚灵芝的功效，民间的各类药方中更难有灵芝的踪影。

民间百姓不敢私藏擅用灵芝，但方士道人却因天高皇帝远，一直将灵芝

■ 掐丝珐琅灵芝花瓶

作为修道养身之妙物。

　　修道的人在山间清修，居所简陋、饭食寡淡，要拾柴生火，又要练功通督，颇为辛苦。但是修道高人们却无一不是仙风道骨、鹤发童颜、精神矍铄的老寿星，这当中自然也有灵芝的功劳。

　　道人张三丰活了212岁，药王孙思邈活到141岁，这两个人都是灵芝的受益者和拥趸者。"山势峥嵘林木秀，神农采药白云间"，药王孙思邈称"白云思邈"，就是取义于此。

■ 根雕灵芝

　　传说灵芝是炎帝的小女儿，名叫"瑶姬"，刚到出嫁之年，就不幸过世了。炎帝哀怜女儿的早逝，封她做巫山云雨之神。

　　一天，楚怀王来到云梦，住进叫"高唐"的台馆，这位渴慕爱情的女神走进寝宫，向午睡的楚怀王倾诉情爱。楚怀王醒来，记起她在梦中的叮嘱，便给瑶姬立了一座庙，叫作"朝云"。后来，楚怀王的儿子楚襄王来这里游玩，也做了同样的梦。楚国著名辞赋家宋玉根据这两个梦，写成传诵千古的《高唐赋》和《神女赋》。巫山生长灵芝特别多，传说就是女神洒下的相思泪。

堪称花中女王的牡丹

　　牡丹原产于我国西部秦岭和大巴山一带山区，是我国特有的木本名贵花卉，有数千年的自然生长和2000多年的人工栽培历史。牡丹花被拥戴为花中之王，有关文化和绘画作品很丰富，素有"国色天香""花中之王"的美称。

　　人们最早是从药用价值认识了牡丹。1972年，考古学家们在甘肃武威发现的东汉早期圹墓医简中，发现有用牡丹治疗"血瘀病"的处

■牡丹图

方，是已有资料中有关牡丹的最早的文字记载。

牡丹名字来自明代医学家李时珍所著的《本草纲目》：

牡丹虽结籽而根上生茎，故谓"牡"，其花红故谓"丹"。

■ 清黄地珐琅彩牡丹纹

牡丹端庄艳丽，雍容华贵，但却并不是俗媚无傲骨的花朵。传说唐代女皇武则天曾在隆冬一个大雪纷飞的日子饮酒作诗，乘酒兴醉笔写下诏书：

明朝游上苑，火速报春知。
花须连夜发，莫待晓风吹。

百花本来都是该按季节开放的，各有各的时节，这是规律。但武则天的诏书却要求百花在第二天的同一个时辰一齐开放，显然是不合常理的。

百花们虽然无奈，却都因为惧怕武则天而妥协了。只有牡丹不惧武则天，下定心思遵守时令，抗旨不开。武则天见状后勃然大怒，将牡丹贬到了洛阳。

但百姓都爱戴牡丹的正直和刚强，牡丹在洛阳极受欢迎，开放得也异常娇艳，有"洛阳牡丹甲天下"的美誉。这下更激怒了武则天，她又下令烧死牡丹。牡丹的枝干虽被烧焦，但到第二年春，反而开得更艳丽。

武则天（624—705），我国历史上唯一正统的女皇帝，也是即位年龄最大、寿命最长的皇帝之一。武则天14岁入后宫为唐太宗的才人，被唐太宗赐号"媚娘"，唐高宗时初为昭仪，后为皇后，尊号为天后，与唐高宗李治并称"二圣"。683年至690年作为皇太后临朝称制，后自立为皇帝，建立武周王朝。

■ 古画中的牡丹图

牡丹的品种不同，在形状、颜色等方面均有差异，形态百出，各有特征。大体上有圆锥形、珍珠型、扁圆型、长锥型、鹰咀型等，颜色也有青绿、黄绿、土红、土黄、银灰、棕褐和不同程度的紫红等色，另外还有花色和混合色，十分夺目。

唐代诗人皮日休曾作诗赞美牡丹说：

落尽残红始吐芳，佳名唤作百花王。

竞夸天下无双艳，独立人间第一香。

牡丹中有一个品种叫"刘师阁"，这个品种的名称和来历都起源于一个古老的传说：隋代末年，在河南汝州的庙下镇东，有个刘氏家族居住的地方，名叫刘家馆。

刘家是个书香门第，家中有一个美丽天真的少女，自幼女红娴熟，琴棋书画无所不通，备受亲邻的喜欢。后来，刘家的主人过世，这位刘家小姐就投奔了在长安做官的哥嫂。

可惜，天有不测风云，隋亡后刘家小姐的哥嫂也相继离世了，独留她孤零零一人。刘家小姐无处可去，又孤苦无依，痛失亲人的她选择了出家做尼姑，

皮日休（834或839—902），晚唐文学家、散文家，字袭美，一字逸少，曾居住在鹿门山，自号鹿门子，又号间气布衣、醉吟先生。皮日休与陆龟蒙齐名，世称"皮陆"。历任太常博士、任翰林学士等。诗文既奇且朴，且多为同情民间疾苦之作。

以图心安。

决定出家时，刘家小姐将原来自家院里亲手种植的白牡丹带到了庵中，以表献身佛教、洁身自好之意。在她的精心照顾下，这株白牡丹长得非常茂盛、美丽。

最妙的是，这株牡丹居然极有灵气，如人一般。它的花身千朵，花大盈尺，白色的花瓣微带红晕，晶莹润泽，如美人的肌肤，童子的玉面，这种风姿令观者无不赞其美，如痴如醉。

从此以后，每逢四月，就有很多佛教信徒来到刘家小姐出家的尼姑庵拜佛观花，且以花献佛为乐，因此那家尼姑庵的香火很旺，白牡丹也被更多人所喜爱。

因为这株牡丹花原本出自刘家的家宅里面，也就是"刘氏居之阁下"，因此名为"刘氏阁"，又叫"刘师阁"。后来，这个牡丹品种又传到四川天彭、山东菏泽等地，芳香远播。

女红 也叫"女工""女功"或"女事"，是讲究天时、地利、材美与巧手的一项艺术，也指女子所做的针线活方面的工作。举凡妇女以手工制作出的传统技艺，像是纺织、编织、缝纫、刺绣、拼布、贴布绣、剪花等，就称为"女红"。

延年益寿

吉祥花草

■ 扇子上的牡丹图

吉祥如意

吉祥物品与文化内涵

■牡丹花鸟图

牡丹还有一个品种，花瓣四片，外方一对红色，内部一对白色，颇似荷包形。因它的叶似牡丹叶，花朵像荷包，因此名叫"荷包牡丹"。这个品种的牡丹背后也有着一段古老的传说。

这个传说仍然与汝州的庙下镇有关。古时候的庙下群山环绕，景色宜人，当地还有一个十分独特而美妙的风俗习惯：男女青年一旦定亲，女方必须亲手给男方送去一个绣着鸳鸯的荷包。

因为鸳鸯寓意的是美满的婚姻和恩爱的夫妻，所以这个荷包很重要，如果女方不能亲手为男方送上，也得由女方家中的嫂嫂或邻里过门的大姐们代绣一个送上，作为终身的信物。

庙下镇上住着一位美丽的姑娘，名叫玉女。玉女芳龄18，心灵手巧，天生聪慧，尤其是绣花织布的技艺精湛。她绣在荷包上的各种花卉图案，竟常招惹蜂蝶落在上面，可见其功夫之深。

来向玉女提亲的人家很多，媒婆都快挤破了门槛，但都被姑娘家人一一婉言谢绝了。原来，玉女自有钟情的男子，家里也默认了。可惜，小伙在塞外充军已经两载，杳无音信，更不曾得到荷包。

玉女日日盼，夜夜想，苦苦思念，便每月绣一个荷包抒发思念之情，并一一挂在窗前的牡丹枝上。久而久之，荷包形成了串，长在了牡丹花上，就变成人们所说的那种"荷包牡丹"了。

牡丹寓意着"花开富贵"，因此在历朝历代都极受欢迎。唐代时，在东都洛阳，宫廷寺观、富豪宅院以及民间种植牡丹已十分普遍。据唐代笔记小说集《酉阳杂俎》记载：

■花开富贵烟荷包

穆宗皇帝殿前种千叶牡丹，花始开香气袭人……东都尊贤坊田令宅，中门内有紫牡丹成树，发花千朵。

唐代诗人辈出，据说，《全唐诗》就有咏牡丹诗500余首。这些诗描绘牡丹花姿、记述牡丹风俗、抒发赏花人感受，各领风骚。

阅读链接

在云南点苍山中，生长着世界著名的金黄牡丹，不仅色如黄金，而且形似元宝，非常惹人喜欢。据说在元末山中闹土匪，一位当地的白族老汉遭土匪绑架，要其家人以黄金百两赎人。

与老汉相依为命的独生女阿青非常聪颖，闻讯后马上有了主意。她只身带了一袋染了金色的石块和一把利剑上山。土匪们见是一年轻貌美的弱女子，便蜂拥来抢，阿青乘机一剑杀了土匪头目，其余人顿作鸟兽散。阿青救出了父亲。后来，这里就长出了金黄牡丹。

品质冰清玉洁的荷花

荷花图

　　相传，荷花本来是王母娘娘身边的一个美貌侍女，名叫玉姬。玉姬看见人间双双对对，男耕女织，十分羡慕，因此动了凡心，在河神女儿的陪伴下偷跑出天宫，来到杭州的西子湖畔。

　　西湖秀丽的风光使玉姬流连忘返，忘情地在湖中嬉戏，到天亮也不舍得离开。王母娘娘知道后用莲花宝座将玉姬锁在凡间，并将她打入淤泥，永世不得再登南天。从此，天宫中少了一位美貌的侍女，而人间多了一种水灵的鲜花。

　　荷花又名莲花、水芙蓉等，花瓣

多数，有红、粉红、白、紫等色。荷花的种类很多，分观赏和食用两大类。我国早在周朝就有栽培荷花的记载。

荷花全身都是宝，藕和莲子能食用，莲子、根茎、藕节、荷叶、花及种子的胚芽等都可入药。其出污泥而不染之品格恒为世人称颂。"接天莲叶无穷碧，映日荷花别样红"，就是对荷花之美的真实写照。

荷花"中通外直，不蔓不枝，出淤泥而不染，濯清涟而不妖"的高尚品格，历来为诗人墨客歌咏绘画的题材

■ 苏绣荷花白鹭

之一。数千年来，人们一直喜欢这种美丽而高洁的植物，并赋予其许多美好的象征意义。

莲花因其水生，在众多花卉中尤显洁净、高贵，所以人们经常把它与美人联系在一起。形容一个女子的美丽与清纯，多用"出水芙蓉"，传说中的四大美人之一西施，其故事也多与采莲、浣纱联系在一起。

荷花是圣洁的代表，更是佛教神圣净洁的象征。荷花出尘离染，清洁无瑕，故而我国人民和广大佛教信徒都以荷花"出淤泥而不染，濯清涟而不妖"的高尚品质作为激励自己洁身自好的座右铭。我国古代民间就有秋天采莲怀人的传统。

西子 指西施，本名施夷光，春秋末期出生于浙江诸暨苎萝村。西施天生丽质，与王昭君、貂蝉、杨玉环并称为我国古代四大美女，其中西施居首。"沉鱼落雁之容"中的"沉鱼"，讲的就是西施的经典传说。西施也与南威并称"威施"，都是美女的代称。

■ 荷花鸳鸯图

在古典文学巨著《红楼梦》中，据说晴雯过世后就变成了芙蓉仙子。书中的贾宝玉在给晴雯的殁词《芙蓉女儿诔》中说：

> 其为质，则金玉不足喻其贵；其为性，则冰雪不足喻其洁；其为神，则星日不足喻其精；其为貌，则花月不足喻其色。

虽然后世的红学专家都认为这不过是作者借咏晴雯之名而赞黛玉之洁，不过无论如何荷花总是与女儿般的冰清玉洁联系在一起的。

由于"莲"与"怜"音同，所以古诗中有不少写莲的诗句，借以表达爱情。如南朝乐府《西洲曲》中写的：

> 采莲南塘秋，莲花过人头。
> 低头弄莲子，莲子青如水。

晴雯 我国古典著名小说《红楼梦》人物，服侍贾宝玉的四个大丫鬟之一，也是最具有反抗精神的丫鬟。晴雯长得风流灵巧，口齿伶俐，深得贾母的喜爱。在晴雯的形象上，体现出了人格绝不能受辱的文化人格。

"莲子"是"怜子"的谐音，"青"说的是"清"，因此这首诗既是实写也是虚写，语意双关，采用谐音双关的修辞，表达了一个女子对所爱的男子的深沉思念和纯洁的爱情。

晋代的《子夜歌四十二首》之三十五中写道："雾露隐芙蓉，见莲不分明。"雾气露珠隐去了荷花的真面目，莲叶可见但却不甚分明，这也是利用谐音双关的方法，写出一个女子隐约地感到男方爱恋着自己。

荷花与佛教也有千丝万缕的联系，无论画佛、塑佛，佛座必定是莲花台座。为什么佛要坐在荷花上呢？据佛典介绍，主要是因为佛法庄严神妙，而莲花软而净，大而香，所以"莲花台，严净香妙可坐"。

荷花是佛教四大吉花之一，大雄宝殿中的佛祖释迦牟尼，端坐在莲花宝座之上，慈眉善目，莲眼低垂；称为"西方三圣"之首的阿弥陀佛和大慈大悲观

■ 荷花图

延年益寿

吉祥花草

已未春日写似
仲笥老先生
谢蓀

十一面千手观音赤足立于莲台上

世音菩萨，也都坐在莲花上。

其余的菩萨，有的手执莲花，有的脚踏莲花，或做莲花手势，或向人间抛洒莲花。寺院墙壁、藻井、栏杆、神帐、桌围、香袋、拜垫之上，也到处雕刻、绘制或缝绣各种各色的莲花图案。可见莲花与佛教的关系何等的密切。

佛经中还有一则"莲花夫人"的美妙故事，说是有一只鹿生了一个美丽的女子，仙人将她抚养成人。她走过的地方，会有莲花长出来。这便是"步步莲花"一词的由来，人们用它来比喻曾经历的辉煌。

082
吉祥如意
吉祥物品与文化内涵

阅读链接

传说西云山生长着一朵永不凋零的蓝莲花，凡是见过蓝莲花的人都会得到幸福。天海寺的僧人也说，见过蓝莲花的僧人最后都成了一代高僧。于是，了空和了无两师兄决定去西云山，寻找传说中的蓝莲花。两人一路风雨兼程向西云山赶去。一路上，了空看到受苦有难之人都会出手相助，了无则不以为然，认为了空这样会耽误他们的行程。历尽辛苦，在一个夜凉如水的夜晚，他们终于见到了传说中的蓝莲花。

蓝莲花生长在湖心，月色下，闪烁着清冷的异彩。了空、了无站在夜色中，久久地欣赏这朵神奇的花。就在那个夜里，了空在睡梦中见到了蓝莲花，只不过这花已不在湖心，而是静静地盛开在他的心海里。了无却怎么也不能入睡，他去了湖心，就在他伸手摘花，指尖刚刚触到花瓣的一瞬间，蓝莲花凋零了。

吉祥物件

　　人类要生活，必须先求生存，而"逢祥瑞，求吉利"正是人之常情。古人常常要面对不可知或突如其来的灾害性事件，为在艰苦的条件下得以生存，更要竭力追求吉祥、平安和幸福的生活，而吉祥物就是这种心理愿望的体现。

　　人们将福气概括为福、禄、寿、喜、财这"五福"，所有能让人感觉接近这五福的物品，就是吉祥物，诸如中国结、如意、桃木剑、玉佩等，它们的意义虽有不同，但都体现了我国人民的幸福观，反映了中华民族的一种文化心理。

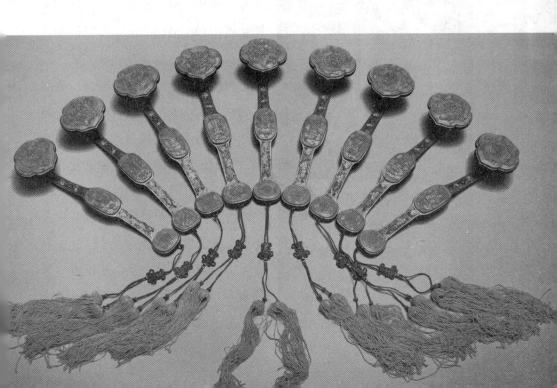

心有千千结的中国结

中国结

中国结年代久远，其历史贯穿于华夏民族史，漫长的文化沉淀使得它渗透着中华民族特有的、纯粹的文化精髓，富含丰富的文化底蕴。

古代"绳"与"神"谐音，中华文化在早期形成阶段，曾经崇拜过绳子，认为绳子是女娲造人的工具。又因为绳子长而卷曲，像盘曲的龙，我国又自古就有崇拜龙的文化，因此在史前时代，古人曾经用绳结的变化来体现龙神的形象。

中国结的"结"字，是由表示丝绸布料的绞丝旁加上"吉"字组成的，本身就寓意了古人对这种绳结的热爱和美好愿望。

　　"结"字是一个表示力量、和谐，充满情感的字眼，意思含有牢固、结合、结伴。无论是结合、结交、结缘、团结、结果，还是结发夫妻、永结同心，"结"都给人一种团圆、亲密、温馨的美感。

　　在"结发"一词里用的"结"字是最蕴含妙意的。古时候，"结"通"髻"，意思是头发。髻，就是绾发而结之于顶。

　　在古时候，新婚洞房里妻子头上盘着的发髻，她自己不能解，在儒家典籍《仪礼·士昏礼》中记载着："主人入室，亲脱妇之缨。"意思是只有丈夫才能解开妻子盘着的发髻，然后相拥相抱、恩爱缠绵、如胶似漆。后来，人们就称首次结婚的男女为"结发夫妻"。

■ 中国结

　　"结"与"吉"谐音，"吉"有着丰富多彩的内容，福、禄、寿、喜、财、安、康无一不属于"吉"的范畴。"吉"是人类永恒的追求主题，"绳结"这种具有生命力的民间技艺也就自然作为我国传统文化的精髓，兴盛长远。

　　在我国的民俗传统中，每到除夕夜，长辈们都会用红丝绳穿上百枚铜钱作为压岁钱，以求孩子长命百岁。端午节的时候，则用五彩丝线编制成绳，挂在小孩脖子上，用以辟邪，称为"长命缕"。

压岁钱 春节拜年时，长辈要将事先准备好的压岁钱分给晚辈。民间认为，压岁钱可以压住邪祟，因为"岁"与"祟"谐音，晚辈得到压岁钱就可以平平安安度过一岁。当恶鬼妖魔或"年"去伤害孩子时，孩子可以用这些钱贿赂它们而化凶为吉。

中国结

中国结虽然只是看似简单的绳结艺术，但式样繁多，编后的成品也十分精致。在历史发展过程中，人们研究出了中国结多达28种编法，并且每一种都有其独特的寓意。

中国结发展的鼎盛时期在清代，当时编绳结已俨然被视为一门艺术，样式多，花样巧，作为装饰的用途相当广泛，日常生活中的大小用品如轿子、窗帘、帐钩、肩坠、笛箫、香袋、发簪、项链、烟袋下方常编有美观的装饰结，这些结常有吉祥的含义。

在这个过程中，中国结被作为民间祝祷的符号，成为世代相传的吉祥饰物。

中国结不仅具有造型、色彩之美，而且皆因其形意而得名，如盘长结、藻井结、双钱结等，体现了我国古代的文化信仰及浓郁的宗教色彩，体现了人们追求真善美的良好的愿望。

在新婚的帐钩上，装饰一个盘长结，寓意一对相爱的人永远相随相依，永不分离。在佩玉上装饰一个如意结，引申为称心如意，万事如意。在扇子上装饰一个吉祥结，代表大吉大利，吉人天相，祥瑞、美好。

在剑柄上装饰一个法轮结，有如轮黑心行，弃恶扬善之意。在烟袋上装饰一个蝴蝶结，"蝴"与"福"谐音，寓意福在眼前，福运将至。

古人之间互赠中国结，一为相思，二为别情，都是借此"结"来表达情意，隐喻自己对离人如绳结般绵长而细腻的思念和爱慕之情。这一点，在我国古代的各种诗词歌赋中都有体现。

楚国的爱国诗人屈原在《楚辞·九章·哀郢》中写道"心圭结而不解兮，思蹇产而不释。"用解不开的绳结来表达自己对国家命运的忧虑和牵挂。

专门记载无名氏诗作的著作《古诗十九首》中也有一首以不解之结来表达情意的诗："著以长相思，缘以结不解。以胶投漆中，谁能离别此。"其中用"结不解"和胶漆相融来形容感情的深厚，可谓是恰到好处。

在中国结的种类中，有一种是双鱼结。关于这个中国结图案，还有个流传很广的民间传说故事呢！

相传早在汉代时，黄河边上有个贫苦的孤儿名叫吉庆，靠在黄河上背纤为生。吉庆年龄虽小，但品德高尚，又有一身好水性，经常帮助坐船的客人从水中打捞落水物品。

有人问吉庆说："黄河中的鲤鱼肉鲜味美，名贵于天下，你何不捉几条去换钱？也强过你在此受背纤之苦。"

吉庆摇摇头说："我从小喝黄河水长大，如今又靠黄

屈原（前340—前278），我国古代伟大的爱国诗人。屈原出生于楚国丹阳，号灵均。由于楚王不接受他的爱国主张，致使国土沦丧，他满怀忧愤之情，跳江自尽。屈原是我国最伟大的浪漫主义诗人之一，也是我国已知最早的著名诗人，他创立了"楚辞"这种文体，也开创了"香草美人"的传统。

■中国结

河水吃饭。鲤鱼没伤害过我，我怎能伤害它？"

有一天晚上，吉庆梦见一个身穿红袍，衣袍无缝的小男孩向他奔过来，口中呼喊"救命"。吉庆大吃一惊，连忙伸手去牵小孩，却突然惊醒。

第二天，吉庆一早又去河边准备拉纤绳，忽然看见有条大水蛇向一尾红色鲤鱼蹿过来。说时迟，那时快，吉庆迅速出手一捞，从水里把鲤鱼救了下来。

奇怪的是，那条赤鲤在他手上居然也不挣扎，反而安静地仰脖张嘴，鳃片儿一张一合的，像是要对吉庆说什么。吉庆猛然想起昨晚做的梦，心里一动，赶紧捧着它往岸上自己的草棚跑去。

吉庆找到一个水罐，小心地把鲤鱼养了起来，还把自己唯一的馍，掰成屑喂它吃。傍晚，背了一天纤绳的吉庆，疲惫地回到草棚，急切地去看望水罐中的鱼儿。不料，水罐中的赤鲤却不见了，只闪着奇怪的金光。

吉庆更加疑惑了，定睛一看，原来在水罐里整整齐齐地码着4个金元宝。吉庆拿起金元宝仔细察看，看见每个金锭上都刻有四字铭文："九登禹门，三游洞庭。愧不成龙，来

铭文 铜器研究中的术语。本指古人在青铜礼器上加铸铭文，以记铸造该器的缘由、所纪念或祭祀的人物等，后来就泛指在各类器物上特意留下的文字，记录该器物制作的时间、地点、工匠姓名、作坊名称等。

088

吉祥如意

吉祥物品与文化内涵

中国结

富吉庆。"

后来，有如神助一般，吉庆背纤的生意越来越好，也总有人找他下河捞东西，再以重金酬谢。从此，吉庆有鱼变富的故事传开了。

许多人非常羡慕，也想弄到一尾发财的赤鲤来喂养，就把红色的鲤鱼称作"元宝鱼"。时间一长，"有鱼"两个字传成了"有余"，但依然是祈盼富裕的祝颂之词。

古人认为，编织双鱼结也是有忌讳有讲究的。鱼是水中活物，按五行讲，水属阴。而阳在上，阴在下，因此吉庆的结饰一定要编在上方，鱼编在下面。

另外，双鱼结中的鱼不能装在编有攀缘结的圆盘上。因为攀缘结是太阳结，这是把鱼放在火里烤，表示鱼会被劫困之意，是犯忌的。

中国结把我们同祖先的思绪相连；结字，使我们与古人情意相通。正可谓是：天不老，情难绝，心似双丝网，中有千千结。

阅读链接

据传说，古时候有一个和尚，在闲暇时用一根绳编出一个整结，然后串上名贵的佛饰品，再编出"王"字的穗。当时这个和尚为了表达自己"一心一意"向佛，所以是用一根线编出来的，穗上为了体现他"至高无上"的信仰故编出"王"字。

后来，这个绳结渐渐流传出来，人们不再局限于佛教的因素，将各种祝福都编入了绳结，使中国结成为了亲情、友情、爱情的"一心一意"及拥有者"至高无上"身份的象征。

传统吉祥之物的如意

　　"如意"，顾名思义，如意如意，万事如意，它是中华民族的传统的吉祥之物。如意的主要形状特征为其柄稍曲，头为灵芝式样的云头状，尾端系有丝线穗带。

　　如意在梵语中叫作"阿娜律"，是一种佛具。它的原型是古代的搔杖，也就是和后来的痒痒挠，是瘙痒工具。如意的柄端为"心"形，用竹、骨、铜、玉制作。法师讲经时，常手持如意一柄，记经文于上，以备遗忘。就这样，如意融合了"搔杖"和"笏板"的作用，渐渐变得受人重视。

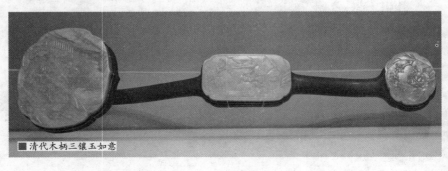

■清代木柄三镶玉如意

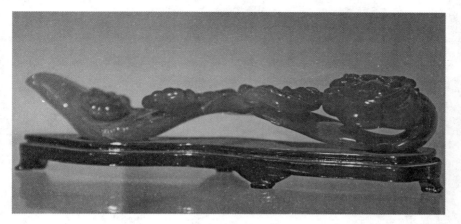

据有关资料记载，如意早在东汉时就已有之，并且用途很广泛，它可作为防身器物，战争中也用于代麈作指挥之物，寓意万事顺利，吉祥如意。

作为吉祥之物，如意在民间及宫廷中都有广泛的使用。在古代，有人远行前，家人或友人会送上如意，以表良好祝愿；佛僧讲经时，也常用如意作随身携带的道具。

我国规模最大的类书《古今图书集成》中就有关于如意的记载：

如意，古人用以指画向往，或防不测，炼铁为之。

这段文字说明，如意在未被使用珍贵材料制作之前，是有其实际用途的，它并非仅是繁复珍奇的陈设或馈赠品。

在魏晋南北朝时期，如意得到了普遍使用，成为

■ 玛瑙如意

《古今图书集成》 原名《文献汇编》，是康熙的三儿子胤祉与侍读陈梦雷等编纂的一部大型类书，历时清代两朝28年，采集广博，内容丰富，记载了官府手工业、工匠劳动制度。正文1万卷，全书无所不包，图文并茂。

类书 铜器研究中的术语。本指古人在青铜礼器上加铸铭文，以记铸造该器的缘由、所纪念或祭祀的人物等，后来就泛指在各类器物上特意留下的文字，记录该器物制作的时间、地点、工匠姓名、作坊名称等。

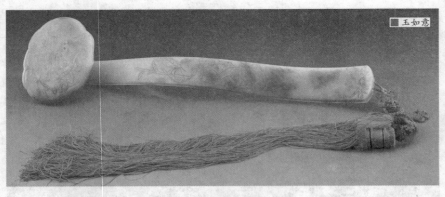
■ 玉如意

吉祥物品与文化内涵

西域 在古代文献中多指我国玉门关、阳关以西的诸多国家和地区，在丝绸之路影响下，西域特指汉唐两代朝廷安排的行政机构所管辖的，我国新疆大部及中亚部分地区。西域位于欧亚大陆中心，是丝绸之路的重要组成部分。

《晋书》 古代晋国史书，为"二十四史"之一，编者共21人。全书130卷，包括帝纪10卷、志20卷、列传70卷、载记30卷。《晋书》书中虽多矛盾、疏漏，但仍是研究晋史的主要书籍。以西、东两晋为正统，并用"载记"的形式兼述了十六国时期14个割据政权的兴亡。

了帝王及达官贵人的手中之物。虽说如意的原型与民间的挠痒痒用的东西，在器型上相结合，但是人们更多的是将如意当成权杖。

那时候，如意作为吉祥物还是十分普遍的，因此材质以铁为主。古书中关于铁如意的逸闻很多，《晋书》中就记有王敦大将军每次引酒至酣畅处，常常以铁如意击唾壶慷慨放歌，壶口多因此而缺损的逸事。

记述魏晋人物言谈逸事的笔记小说《世说新语》里也有一则关于铁如意的故事：

晋武帝时，名士石崇与贵戚王恺斗富，王恺虽常得到外甥晋武帝的支持，仍敌不过石崇。一次，王恺向石崇扬扬自得地炫耀一棵高达两尺，"枝柯扶疏，世罕其匹"的珊瑚树。那棵珊瑚树可是西域进贡给晋武帝的，价值连城。

但石崇只是面无表情地看了看，随手就用铁如意将珊瑚击碎了。王恺以为石崇是忌妒他的宝物，气得发狂又十分得意，心想这下他可难辞其咎了。

石崇却不慌不忙地令下人将自己收藏的珊瑚树搬出来，只见其中三四尺高的珊瑚树多达六七十棵，两尺高的简直不计其数，王恺惊讶不已。

这两位贵族之间互竞豪奢的行为难免俗气，却真实地反映了魏晋时期出现了许多富甲一方的世家豪族。为如意这种工艺制品的用料高档化，起到了推波助澜的作用。

如意的质地在演变为珍贵材料后，也就多在贵族阶层流行了。到了清代，如意已成为宫廷的珍宝之一，在宫廷中得到了最广泛的应用。如在皇帝登基大典上，主管礼仪的臣下必定会敬献一柄如意，以祝政通人和，新政顺利。

我国古代帝王在会见外国使臣时，也要馈赠给使臣如意，以示缔结两国友好，国泰民安。在帝后、嫔妃的寝室中，也都有如意，用来颐神养性，兆示吉安。

清代的皇帝、皇后用如意作为赏赐王公大臣之物；在皇帝选妃时，若将如意交入一人手中，那就意味着她将成为皇后。当时的如意成为贵重礼品，富有

《世说新语》

我国南朝时期产生的一部主要记述魏晋人物言谈逸事的笔记小说，是由南北朝刘宋宗室临川王刘义庆组织一批文人编写的。全书原8卷，分为德行、言语、政事、文学、方正、雅量等36门，全书共1000多则，记述自汉末到刘宋时名士贵族的奇闻逸事。

■ 清代掐丝珐琅如意

■清铜胎画珐琅如意

之家相互馈赠，祝愿称心如意。

特别是在古代帝后大婚，宫中万寿，或者中秋、元旦这些大喜大庆的时节，都需要臣下敬献数量不少的如意，以寓意帝后平安大吉，福星高照。

在以上的种种喜事中，古人以帝后大婚为最重。根据记载，如意是帝后大婚时不可或缺的重要物品。我国故宫留存有3000柄如意，其中有一柄紫檀嵌玉五镶如意，形似两个如意交叠，寓意着并蒂连理，极具特点，就是晚清婚庆典礼中的陈设之物。

根据清代宫廷规制，在皇帝大婚的前一日，就要派人在凤舆内安设如意，此外，还要公主、福晋等4人，各执如意1柄，安设在龙凤喜床的四隅。

在皇帝行大婚典礼时，清宫各部门、各地要员要进贡贺礼，这些礼物都是以2柄金制的如意为先导，寓意"吉祥先进金如意，天乐声中降凤凰"。

不只是皇帝的大婚需要如意，连皇帝的女儿出嫁，嫁妆中也少不了如意。乾隆的女儿和孝公主出嫁时，就得到了乾隆皇帝的一盒共9柄的紫檀嵌玉如意。

除此之外，如意也是紫禁城各宫殿的重要陈设品。在故宫正殿的宝座旁、寝宫的案头几上，处处可见如意的踪影。如意是地方官朝贡的重要品种，所以宫中会有大量的如意留存。

从历朝的进贡资料看，在各种进贡物品中，往往把如意放在所有贡品的首位。其中最为隆重的要数乾隆皇帝60大寿时，大臣们所进献的如意。当时，大臣们进献的是用金丝编织的60柄如意，共用黄金1361两，这60柄如意仍完好无损地保存在故宫中，见证着这段历史。

如意的形制经历了一个很长的发展过程。魏晋南北朝时期，如意的形制以柄首呈屈曲手掌式为主流；唐代发展为柄身扁平，顶端弯折处演变为颈部，柄首为三瓣卷云式造型。虽说如意出于各自不同的用途，但最初的如意无疑都是模仿人的手形，这种创造的构思，也可以说是人的意志的外延。

梁代简文帝萧纲曾有一句诗说，"腕动苕花玉，衫随如意风"，由此可知梁代的玉如意已经有了适合随身携带的大小。清雅悠闲之时，文人雅士吟诗咏赋，和着"如意舞"利用它作为打节拍之物。

唐代以后，手形如意演变成卷云形、灵芝形、心字形及团花形，发展到了鼎盛时期。这时的如意因其珍贵的材质和精巧的工艺而广为流行，以灵芝造型为

福星 民间传说中的福神，据说能给大家带来幸福。福星起源甚早，据说唐代道州出侏儒，历年选送朝廷为玩物。唐德宗时道州刺史阳城上任后，即废此例，并拒绝皇帝征选侏儒的要求，州人感其恩德，逐把之为福神。

故宫 位于北京中心，旧称紫禁城。于1406年开始营建，1420年建成，是明、清两代的皇宫，宫殿建筑的精华，无与伦比的古代建筑杰作，更是世界现存最大、最完整的木质结构的古建筑群。故宫全部建筑由"前朝"与"内廷"两部分组成，被誉为世界五大宫之首。

幸福愿望 吉祥物件

■ 清掐丝珐琅寿字如意

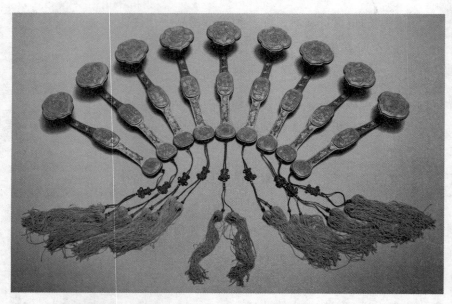

■ 掐丝珐琅福寿珊瑚如意

主的如意更被赋予了吉祥驱邪的涵义，成为承载祈福
禳安等美好愿望的贵重礼品。

到了清代，如意的工艺达到了登峰造极的地步，
用金玉珠宝制作，不仅使其成为一种艺术品，而且还
增加几分仙气与祥和的神韵。

清代的如意头部呈弯曲回头之状基本不变，而柄
端由直状变为小灵芝形、云朵形等多种形状。头尾两
相呼应，主体呈流线型，柄微曲，造型美观华丽。

如意的材质极为多样，各色玉石、金、银、铜、
铁、犀角、象牙、竹、木、陶瓷等应有尽有。其中玉
石如意就分为翡翠、白玉、青玉、碧玉、墨玉、水
晶、孔雀石、玛瑙、珊瑚等。

如意的装饰手法也异彩纷呈，尤其是配以各种中
国结图案，如盘长结、铜钱结、蝴蝶结、喜结、寿结

铜钱 秦帝国以
后2000多年间的
钱币，除王莽一
度行刀布外，中
间都有一方孔，
故称钱为"方孔
钱"，也被戏称
为"孔方兄"。
方孔钱是由圜钱
演变而来的，以
秦帝国的"半两
钱"为最早。铸
造流通时间尽管
只有十余年，但
其鼎盛时期全国
共有17省20局开
机铸造铜圆。

等，不仅有和谐的视觉效果，也增添了如意的韵味。

如意的品类极多，工艺繁复的就有珐琅如意、木嵌镶如意、天然木如意、金如意、玉如意、沉香如意等，多雕有龙纹，有的还在玉制的如意上，嵌上碧玺、松石、宝石所雕成的花卉、桃果、灵芝、蝙蝠之类。

清宫如意收藏中的一个大类为工艺独特的木柄三镶玉如意。这种如意的木柄质地分紫檀、花梨、黄杨、黄檀及檀香木等10余种，有的雕刻有吉祥图案，有的镶嵌金银丝花纹，也有素面无纹饰的。

如意的首、身、尾分别嵌饰玉雕，这些玉饰往往采用历代古玉，也有一部分由清宫专门碾琢。此外，清代宫廷如意还有不少罕见的品类，如染骨如意、鹤顶红如意等；造型上也有别出心裁的，如双首如意和形如两柄如意交错的五镶如意等。

值得一提的是，尽管经历了不同朝代的变迁，但是如意自始至终的造型都是头部呈弯曲回头之状，这是因为如意被古人赋予了"回头即如意"的吉祥寓意。

在众多的材质中，最受人喜爱的还是玉如意。这是因为"君子比德如玉"，玉如意绚烂的富贵风格中蕴含了古朴雅致的情趣，将玉的

097

幸福愿望

吉祥物件

阅读链接

虽然如意在清代宫中得以盛行，得到了众多皇帝的推崇，但是在清帝中，有一位曾公开表示过自己不喜欢如意。这位皇帝就是清嘉庆帝颙琰。嘉庆皇帝曾对臣下说："你们以为如意能带来吉祥，但我看未必。"此言一出，大臣们感到莫名其妙。

原来，在清乾隆末期，权重一时的大贪官和珅向尚未正式继位的颙琰进献了一柄如意，表示对他的忠心，以换取将来不被惩处。但颙琰对和珅的贪赃枉法之举早已深恶痛绝，严厉回绝。果然，在乾隆帝刚刚辞世之际，嘉庆帝就以21条罪状将其抄家治罪了，而进献如意之罪成为诸罪之首。

传说镇宅辟邪的桃木剑

■桃木剑

桃木木质细腻，木体清香，也叫"降龙木"或"鬼怖木"，是用途最为广泛的辟邪制鬼材料。因此，用桃木所制作的桃木剑，在我国民间文化和信仰上有极其重要的位置。

传说，主宰人间寿算的南极仙翁，掌上总是捧着一个硕大的仙桃，所以桃又有辟邪去病、益寿延年之说。结出果实的桃木自然也沾染了仙气。古籍《典术》记载说：

桃者，五木之精也，故压邪气者也。桃木之精生在鬼门，制百鬼，故作桃人、梗著门以压邪，此仙木也。

有人说，桃木剑能辟邪的说法与神荼和郁垒有关。传说东海里有座风景秀丽的度朔山，又名桃都山。山上有一棵枝叶覆盖3000里的大桃树，树顶有一只金鸡，日出报晓。这棵桃树的东北一端，有一概拱形的枝干，树梢一直弯下来，挨到地面，就像一扇天然的大门。

■ 桃木剑

度朔山里住着各种妖魔鬼怪，要出门就得经过这扇鬼门。每当清晨金鸡啼叫的时候，夜晚出去游荡的鬼魂就必须赶回鬼域。在鬼域的大门两边站着两个神人，是一对兄弟，分别叫神荼、郁垒。

如果鬼魂在夜间干了伤天害理的事情，神荼、郁垒就会手拿桃木剑将它们捉住，用绳子捆起来，送去喂虎。所有的鬼魂都畏惧神荼、郁垒以及所有的桃木制作的东西。

因此，民间就流传开了用降鬼大仙神荼、郁垒和桃木驱邪、避灾的风习，人们用桃木刻成神荼、郁垒的模样，或在桃木板上刻上神荼、郁垒的名字，挂在自家门口用以辟邪防害，叫作"桃符"。最早的春联也都是用桃木板做的。

春联 是一种独特的文学形式。它以工整、对偶、简洁、精巧的文字描绘时代背景，抒发美好愿望，是我国的文学形式。每逢春节，无论城市还是农村，家家户户都要精选一副大红春联贴于门上，为春节增加喜庆气氛。它有左右联，而它们必须要有横批，也就是它们的题目。

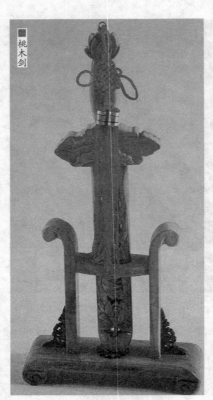
桃木剑

根据先秦重要古籍《山海经》记载：在北方大荒中，有一座大山，拔地而起，高与天齐，因此名叫"成都载天"。那山削岩绝壁间云雾缭绕，一派雄伟壮丽的景色。

在这仙境般的大山上，居住着大神后土传下来的子孙，叫夸父首领族。夸父首领族的人个个身材高，力气大，喜好替人打抱不平。

不久，大地发生了严重的旱灾，太阳像个大火球，烤得大地龟裂，江湖干涸，一片荒凉。夸父首领族全体出动找水抗旱，但江湖干涸，哪里会有水呢？夸父首领族的首领气急了，发誓要把太阳摘下来。

太阳见夸父首领发火，有点儿心慌，加快速度向西落去。夸父首领首领拔腿就追。太阳一面加快滑行速度，一面向夸父首领射出热力，想阻止他前进。

夸父首领尽管汗如雨注，却不肯停步。追呀追呀，夸父首领瞬息间已追了万里。眼看就快追到了太阳落下的禺谷这个地方。夸父首领即将追到太阳，高兴极了，大喝一声："看你往哪逃！"

太阳眼看无处可逃，冷笑几声，杀了个回马枪，将所有的热量一齐向夸父首领射去。

夸父首领一阵头晕目眩，眼前金星乱迸，口干舌焦，双手不觉软垂。"不能倒下去！"夸父首领一面鼓励自己，一面俯身去饮黄河水，而后再捉太阳。哪知他喝干了黄河，连渭水也喝干了，还是感到口渴难忍。

倔强的夸父首领决心去喝大泽的水，再去和太阳较量。大泽又叫瀚海，是鸟雀孵化幼崽和更换羽毛的地方。夸父首领刚走到大泽边，还没俯下身来，一阵头晕，"轰"的一声，像座大山似的倒下了。

夸父首领遗憾地看着西沉的太阳，长叹一声，把手杖奋力向太阳抛去，闭上了眼睛。

第二天早晨，太阳神气活现地从东方升起，一看颓然而倒化成大山的夸父首领，也不由暗暗钦佩夸父首领的勇气。说也奇怪，经太阳光一照，夸父首领的手杖竟化成一片满树挂着硕大果实的桃林。

传说桃树是追赶太阳的英雄所化，这大概就是古人相信桃木能制鬼辟邪的一个原因吧。天下树种万千，桃树枝干色若暗红，富有光泽，桃木结实而有弹性，用作打击或防身，自是良器。这些特点，也是桃木神异传说的初始依据。

桃木剑辟邪的传说，在历史上流传甚广。商代后期的殷纣王曾被狐狸精迷惑，导致朝纲衰败。后来神仙云中子特制了一把桃木剑，让商纣王悬挂在朝

■古老的桃木剑

阁，使狐狸精不敢靠近。

三国时期的曹操，因疑心太重而落下头疼病，久治不愈。后来，他的一位军师在中原精选优质桃木，制成了一把桃木剑。曹操把桃木剑悬挂在室内后，头痛之症不治而愈，后来南征北战，建立了霸业。

桃木剑能镇宅辟邪的说法在民间更是广为流传，连带着普通的桃枝也受人欢迎。凡盖新房，人们就将桃枝钉在房屋四角，以保家宅安宁，大吉大利。迎亲嫁娶也用桃枝，意为婚姻美满，富贵平安。逢年过节也要取桃枝挂在门边，用来镇宅接福，以求节日祥和。

桃木剑的雕刻品往往会巧妙地运用人物、走兽、花鸟、文字等，以神话传说、民间谚语为题材，通过比拟、双关、谐音、象征等手法，创造出图形与吉祥寓意完美结合的雕刻艺术形式。

这种具有历史渊源、富于民间特色，又蕴含吉祥企盼的桃木剑，其题材可分为人物类、兽类、植物类、文字类、几何纹等组合类。但在每把桃木剑的形式、风格、工艺技法上，又有它独特鲜明的风格。

就桃木剑的雕刻技法分类，有沉雕、浮雕、圆雕、通雕和锯通雕五种，在雕刻技法上则依据不同的题材、不同的装饰，把浮雕、通雕、线刻或单独或综合地灵活运用，以表现不同的形式美。

阅读链接

传说有一家新生了一个男孩，还没有出满月，某天女主人突然发现孩子的脸一直在变换，时而是男时而是女，就请山人施用了符法。当这个孩子长到7岁时，突然闹病了，家里人心急如焚。这家人又去找山人，山人说："权宜之计，不如先去道堂里把开过光的桃木剑请来，挂在你卧室的门上。"于是女主人就把开光桃木剑请来，挂在了卧室的门上。当天晚上孩子就没有闹，后来的几天孩子睡得也很好。

当然，这只是传说而已，现在还没有足够的科学依据作为证明。

文人雅士最爱的玉佩

　　玉佩是用玉雕成的戴在身上的装饰品。普天之下，没有哪一个民族能像中华民族这样对玉情有独钟。同时，在中华民族辉煌灿烂的物质文化中，也没有哪一种物质能像玉一样，延续近万年而未曾中断。

　　玉有软玉、硬玉之分，软玉是我国传统的玉料，玉的名称就来自软玉，因以新疆和田地区出产最佳，人们常把软玉称为"和田玉"，而硬玉是指翡翠。

　　无论是软玉还是硬玉，它们的质地都非常坚硬，颜色十分璀璨，因此被冠以"石中之王"的美誉。玉石价值本已不菲，再经过巧匠的加工雕琢，就变成了一件件价值连城的宝物。玉器随着时代发展，逐

■精美玉佩

渐形成了玉的文化。

"玉"字始于商代甲骨文和钟鼎文中。汉字曾造出从玉的字近500个，而用玉组词更是不计其数。汉字中珍宝等都与玉有关，后世流传的"宝"字，是"玉"和"家"的合字，这是以"玉"被私有而显示出它的不可替代的价值。

"玉"字在古人心目中是一个美好、高尚的字眼，在古代诗文中，常用玉来比喻和形容一切美好的人或事物。以玉喻人的词有玉容、玉面、玉女、亭亭玉立等，以玉喻物的词有玉膳、玉食、玉泉等，以玉组成的成语有金玉良缘、金科玉律、珠圆玉润、抛砖引玉等。

玉的文化是我国的一种特殊文化，它充溢了我国整个的历史时期，因此而形成了我国传统的用玉观念，也就是尊玉、爱玉、佩玉、赏玉、玩玉。所以君子爱玉，希望在玉身上寻到天然之灵气。

我国自古就有"君子比德于玉"的传统，所以"古之君子必佩玉"，我国重要典章制度古籍《礼记·玉藻》里还要求，"君子无故，玉不去身"。这样一来，佩玉俨然成了君子有德的象征。

我国历史上有一块著名的和氏璧，又称荆玉、荆虹等。和氏璧与随侯珠齐名，流传数百年，是被奉为

■ 四节龙凤玉佩

钟鼎文 是铸刻在殷周青铜器上的铭文，也叫金文。我国在夏代就已进入了青铜时代，因为周以前把铜也叫金，所以铜器上的铭文也就叫作"金文"或"吉金文字"。金文应用的年代，上自商代早期，下至秦灭六国，约1200多年。金文的字数共计3722个，其中可以识别的字有2420个。

"无价之宝"的"天下所共传之宝"，也是天下两大奇宝之一。

根据文献记载：楚国有一个叫卞和的琢玉能手，在荆山那里挖出一块璞玉。卞和欣喜若狂地捧着璞玉去见楚厉王，一心想得到君王的赏识，但楚厉王叫来玉工查看时，粗心的玉工将璞玉看成了石头。楚厉王大怒，以刖刑处罚了卞和，使他失去了左脚。

楚厉王驾崩之后，楚武王即位了。卞和再次捧着璞玉去见楚武王，武王又命玉工查看，糊涂的玉工仍然坚持说只是一块石头，卞和因此又被刖刑夺去了右脚。

楚武王驾崩后，楚文王即位了。这时的卞和已经心灰意冷，放弃了进献美玉的想法。走投无路，失去双足的他抱着璞玉，在楚山下痛哭了三天三夜，眼泪流干了，接着流出来的是血。

楚文王得知后，感慨万千，派人去问卞和说："因为犯了欺君之罪而被刖刑处罚的人很多，但你为何格外伤心呢？"

卞和回答说："我并不是哭自己被处罚的遭遇，而是痛心如此的宝玉被当成石头，忠贞之人却被当成了欺君之徒啊！"

楚文王听后，干脆派人剖开了这块璞玉，果然见到了稀世美玉。

幸福愿望

吉祥物件

■ 和氏璧

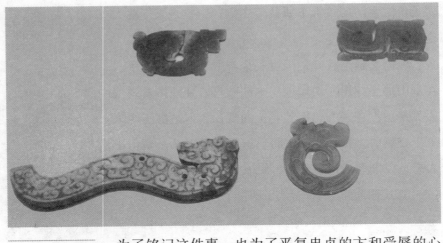

春秋战国时期龙玉佩

吉祥物品与文化内涵

天禄 又称"天鹿"，也称"挑拨""符拨"，是古代传说中的种兽，长得像是有很长尾巴的鹿。一角者为天禄，二角者为辟邪，可攘除灾难，永安百禄。古人把它们对置于墓前，既有祈护祠墓，冥宅永安之意，亦作为升仙之坐骑。

诸侯 诸侯是我国古代帝王所分封的各国国君的统称。周代分公、侯、伯、子、男五等，汉朝分王、侯二等。诸侯在名义上要服从皇帝的政令，向皇帝朝贡、述职、服役以及出兵勤王等。

为了铭记这件事，也为了平复忠贞的卞和受辱的心情，楚文王就把这块美玉命名为和氏璧。

古人爱玉的情之深，意之切，在和氏璧中可见一斑。卞和受刑而不忘献玉的执着，与宝玉几经沉浮，终于得以赏识的感情结合在了一起，古人将和氏璧视为传世美玉，把卞和献玉的典故传为美谈，这其实也是君臣之间互求美德以待，不受蒙蔽的情怀。

其实不仅是天子贤臣，就连民间百姓对玉的感情也是一样，因为我国的玉文化实在是太久远了，这在我国的成语中都有体现。

比如：一个贤能的人，有小小的缺点，就叫"美玉微瑕"；形容一件物品十全十美，则是"完美无瑕"；秀美的女孩，她婀娜多姿的体态是"亭亭玉立"；有气节的士人们宁愿保持高尚的气节死去，也不愿屈辱过活的情结是"宁为玉碎，不为瓦全"；等等。

因为玉的美好，古人将其加工成各种玉器仍不够表达对玉的喜爱，精心加工过的、小巧玲珑的玉佩就成了古人们爱不释手的赏玩之物和装饰品。

新石器时代的玉佩以动物饰最多，有鱼、鸟、龟、蝉、猪首龙形佩等，一般器形不大，多为立体圆雕，也有片状浮雕动物，以宽阴线纹为主，手法简单但传神，具有神秘感，有的佩饰用于佩戴，有的可能用于宗教礼仪。

商周时期，人们对玉佩的喜爱之情更加深厚，王室和各路诸侯都把玉当作自己的化身。他们佩挂玉饰，主要是用来标榜自己有"德"的仁人君子。每一位士大夫，从头到脚，都有一系列的玉佩饰，尤其腰下的玉佩系列更加复杂化，所以当时玉器加工业特别发达。

春秋时期，以动物为原型的玉佩逐渐向小型化发展，浮雕多而圆雕少，有鹿、虎、牛、羊、猪、马等，小鹿有的做回头状，非常生动。

战国至汉代，玉雕动物佩饰题材广泛，不仅有常见的动物形象，还出现了辟邪、天禄等神兽。这一时期的动物玉佩浮雕、圆雕皆有，抽象、写实风格兼备，动物刻画形神兼备，线条有力，技艺高超。

那时的玉佩繁缛华丽，甚至有用丝线串联数十个小玉佩结成一组的杂佩，如玉璜、玉璧、玉珩等，用以突出佩戴者的华贵威严。

魏晋时期的动物玉佩仍以辟邪、天

辟邪 我国古代传说中的一种神兽，外表像是一只长着翅膀的狮子。根据古籍《小尔雅·广言》的记载，辟邪可以驱走邪秽、不祥。古代织物、军旗、带钩、印组、钟纽等物，常用辟邪为饰，《博古图》有辟邪车。南朝陵墓前常有辟邪石雕。

■春秋时期玉佩

玉圭 古玉器名。古代帝王、诸侯朝聘、祭祀、丧葬时所用的玉制礼器。为瑞信之物。长条形，上尖下方。玉圭的形制大小因爵位及用途不同而异，有大圭、镇圭、桓圭、信圭、躬圭、谷璧、蒲璧、四圭、裸圭之别。周代墓中常有发现。

禄等神兽为主，但其工艺水平远不及汉代。男子佩戴的渐少，以后各代都只是佩戴简单的玉佩，而女子很长时间里依然佩戴杂佩，通常系在衣带上，走起路来环佩叮当作响，悦耳动听，因此环佩也渐渐成了女性的代称之一。环佩在样式和佩戴方式上也是不断变化的。

唐宋时期，动物玉佩的题材发生了很大的变化，天禄佩、辟邪佩几近消失，取而代之的是骆驼、孔雀等佩饰，造型以写实为主，雕刻粗犷洒脱，线条简练传神。

宋代是一个手工业和工商业空前发展兴盛的时代，国富民强，文化发达，民间用玉也较前朝为盛，大量出现各种玉佩饰、玉用器。两宋玉器承袭两宋画风，通常画面构图复杂，多层次，形神兼备。

宋代的佩饰分为玉束带、玉佩，用具有玉辂、玉磬，礼器有玉圭、玉册，等等。内廷专设有玉作，玉

■ 宋代孔雀衔花玉佩饰

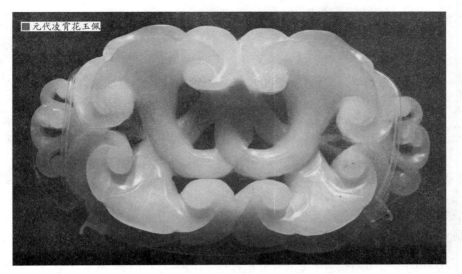
■元代凌霄花玉佩

料由西域诸国进贡。

金元时期，动物玉佩呈现出独特的少数民族风情，其中"春水玉"和"秋山玉"最具特色。前者刻画春天野鸭、天鹅戏水，鹰鸟捕猎的场景；后者刻画几只动物穿逐于森林之中，描绘北国秋天的狩猎和自然风景。

明清时期，动物玉佩品种和数量都超过以往任何时代，神兽佩、生肖佩、家禽佩等应有尽有，还有鹌鹑佩、双獾佩等前朝罕见的动物玉佩，以圆雕小件为主，片状佩很少见。雕刻风格趋向柔美、和谐，宫廷玉佩刻画繁缛，制作精美，民间的玉佩线条简练，造型质朴。

明清时的百姓喜欢佩戴各种玉佩饰。富裕的人上到帽檐前饰，中至玉腰牌、玉挂件，下至玉鞋扣，几乎全身上下都是玉。即使家境一般的人也会戴个玉手镯、玉耳环、玉扳指等。

那时包括玉佩在内的玉制品所用的玉料，大多为青玉、白玉、青白玉等。其中特别以产于新疆和田的羊脂白玉最为名贵，黄玉也同样价值不菲。

除了动物纹玉佩，吉祥图案的玉佩也很多，比如富贵万年、平平安安

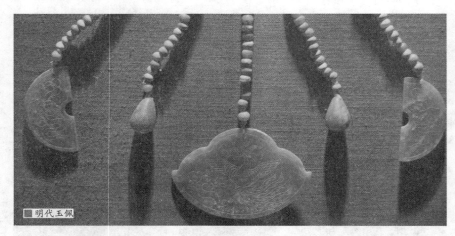
■明代玉佩

等。各种传统图案形式多样，寓意深刻，数不胜数。玉佩蕴藏了中华玉石文化的丰富内涵，是华夏传统文化百花园中的一朵光彩夺目的奇葩。

　　玉佩与其他珠宝饰品不同的是，它在对人进行装饰的同时，更在乎人们的精神感受，已成为人们精神寄托的直观物质表达形式。在强调个性化和注重精神感受的现代，佩戴蕴藏有丰富东方文化内涵的玉佩，更能体现出自己的个性、品味和民族气质。

阅读链接

　　秦国曾以15座城池和赵国交换和氏璧。赵王怕受欺骗，又担心秦兵打过来，就派蔺相如去出使秦国。当蔺相如捧着和氏璧呈献给秦王后，看出秦王没有把城酬报给赵国的意思，就上前说："璧上有点毛病，请让我指给大王看。"蔺相如捧着玉璧说："我看大王无意拿15座城换玉，所以又把它取回来。如果大王一定要逼迫我，我的头就与和氏璧一起撞碎在柱子上！"

　　秦王怕他撞碎和氏璧，就婉言道歉，坚决请求他不要把和氏璧撞碎，并召唤负责的官吏察看地图，指点着说要把从这里到那里的15座城划归赵国。蔺相如怕秦王使诈，就打发他的随从穿着粗布衣服，怀揣和氏璧，从小道逃走，把它送回了赵国。

吉祥图案

　　追求幸福是人类从古至今的美好愿望，而吉祥图案从某种意义上满足了人们的这个愿望。吉祥图案是以象征、谐音等手法，组成具有一定吉祥寓意的装饰纹样。吉祥图案起始于商周，发展于唐宋，鼎盛于明清。在明清时期，人们几乎到了图必有意，有意必吉祥的地步。

　　吉祥图案所要表达的含义，一般包括富、贵、寿、喜这4个方面。富是财产富有的表示，包括丰收；贵是权力、功名的象征；寿可保平安，有延年之意；喜则与婚姻、多子多孙等有关。

颂扬年高的《百寿图》

寿文化是我国传统国学的重要组成部分，《诗经》《老子》等古典文献中有极其精辟的论述。经过几千年的发展，寿文化更加完善。

寿文化常见于书画中，画中男寿星的形象是白须老翁，头大额突，一手扶鹿杖，挂一宝葫芦，另一手托仙桃，身旁鹿鹤相伴，以喻长寿；女寿星则以"麻姑献寿图"中的麻姑为代表。

据说，寿文化中的麻姑曾以灵芝酿成寿酒敬献给王母娘娘饮用，

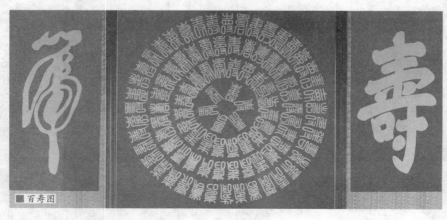

■ 百寿图

百寿图

王母娘娘因此封她为寿仙。除此之外，"上酒献寿"的佳作流传不少，如汉代的画像砖《酒宴》，及魏末画像砖《竹林七贤图》，等等。

以寿为题材的书画也随处可见，"松柏常青""龟鹤延年""福寿满堂"都象征长寿吉祥。除书画外，大自然的日、月、山、川也被用来象征寿文化中的长寿，如"天长地久""江山不老""与日月同寿"和人们最常说的"福如东海""寿比南山"等。

不仅如此，连百姓日常生活也充满"寿"的寿文化情趣，如饮酒的有长寿酒，吃面的有长寿面，宴席有长寿宴，等等，寿文化无处不在，给中华民族追求生命的寿文化注入了美妙的活力。

人也寿、物也寿、山也寿、水也寿、吃也寿、玩也寿。我国对寿文化的追求，无时不在；我国的寿文化，无所不至。我国寿文化的重要内容是尊老敬老，这一点常体现在为寿星做寿上。于是，做寿也成了寿文化的亮丽风景。

在古代寿文化中，皇帝的生日称"圣寿节"，以

竹林七贤 我国魏晋时期的7位名士，他们是：嵇康、阮籍、山涛、向秀、刘伶、王戎和阮咸。因为他们常在当时的山阳县，也就是后来的河南修武一带的竹林之下喝酒、纵歌，肆意酣畅，因此被世人称为竹林七贤。

《老子》 又称《道德经》《道德真经》《五千言》或《老子五千文》，是我国春秋时期的老子所撰写的。《道德经》是道家哲学思想的重要来源。分上、下两篇，原文上篇《德经》、下篇《道经》，不分章，是我国历史上首部完整的哲学著作。

■ 百寿图石刻

唐代为例，唐玄宗的寿辰叫"千秋节"，唐武宗的寿辰叫"庆阳节"，唐宣宗的寿辰叫"寿昌节"。到了明清，变成了皇帝的寿辰都统称为"万寿节"，皇后则称"千秋节"。

民间老人过生日叫寿诞，60岁为花甲寿、初寿，70岁为古稀寿，80、90为耄耋寿，百岁为期颐寿；60岁称为下寿，77岁称为喜寿，80岁称为中寿，88岁称为米寿，99岁称为白寿，百岁为上寿。只有到50岁才能称寿，小于50岁只能称过生日。

我国传统的祝寿都十分隆重热闹，程序也很讲究，其中寿文化更加丰富多彩。首先主人要发精美的请柬，署名多以寿星之子的名义发出。亲友接到请柬后要如期而至，携带寿礼、祝寿字画，贺幛，贺幛上常题吉祥祝寿语，如"福寿双全""洪福齐天"等，特别是拜寿的程式，不能有丝毫马虎。

百寿图就是用100个不同形体的"寿"字所组成的图像，有圆形、方形或长方形数种；也有在一个大"寿"字中再写上一些小"寿"字的。

百寿图中的字体多为繁写，有篆体、隶书、楷书或好几种字体混合兼用。经过不同形体"寿"字组合成的百寿图，往往能够产生一种独特的艺术效果，给人以富丽堂皇、意蕴深长的感觉。

当然，百寿图在创始之初并不是被人们当作一种

隶书 也叫汉隶，是汉字中常见的一种庄重的字体，书写效果略微宽扁，横画长而直画短，呈长方形状，讲究"蚕头燕尾""一波三折"。隶书起源于秦代，由程邈整理而成，在东汉时期达到顶峰，在书法界有"汉隶唐楷"之称。

艺术品来欣赏的。它是我国古代民间对长寿理想的一种寄托。因此，它总是被人们排列得整整齐齐，书写得端端正正，并且带有一种朦胧的神秘色彩。

百寿图从宋代以来就已作为稀世之宝、广为传颂。特别是南宋时期，专事拓印、装裱百寿图的作坊久盛不衰，无论是朝廷显贵、书香世家还是百姓士庶，都为拥有一幅"百寿图"而自豪。

如果有人收藏了百寿图，必定会将其悬挂在堂中，顿然使门庭生辉，宾客争相观赏。古代时要远行的商人或浮游宦海的人，更是把百寿图作为护佑身家平安的宝贝。

关于百寿图的来历，传说在南宋时，有一个古县，居住在古县东边的百姓总是有各种关于田地浇灌的苦恼，已经很久都没有解决。古县的新知县史渭到任之后，带领着一班衙役四处走访，想找几位年纪大的老者了解情况。

史渭和衙役们走着走着，看见一个在田间劳作的男子，看上去50多岁的样子。史渭走上前去，礼貌地问道："我是新上任的知县，有些关于田地浇灌的事情想请教一下，不知您可否赐教呢？"

篆体 汉字古代书体之一，也叫篆书。大篆指甲骨文、金文、籀文，它们保存着古代象形文字的明显特点。小篆也称"秦篆"，是秦国的通用文字，大篆的简化字体，其特点是形体均匀齐整、字体较籀文容易书写。在汉文字发展史上，它是大篆由隶、楷之间的过渡。

■ 百寿图雕刻

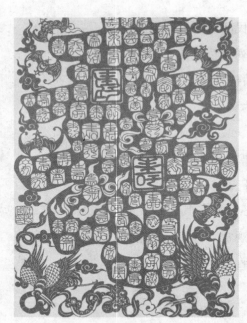

■ 百寿图剪纸作品

郑和 （1371—1433），回族，原名马和，我国明代航海家、外交家、宦官。郑和懂兵法，有谋略，英勇善战，具有军事指挥才能，知识丰富，熟悉西洋各国的历史、地理、文化、宗教，具有卓越的外交才能。具有一定的航海、造船知识，因此能出色地完成七次远航任务。

那名50多岁的男子愣了一下，温和地回答说："田地浇灌的事情，我还真是不知道，不如您问问家父吧。"说完，男子指了一下在不远的树荫下带着孩童玩闹的一名老者。

史渭随口问道："令尊高寿几何呢？"50多岁的农夫回答说："已经80多岁啦。"于是，史渭又走向那名皓首银发的八旬老者，问了同样的问题。但是那名老者挠挠头说："真是惭愧呀，这件事情我也不了解呢。大人不如去问问家父，他已经年逾期颐了，肯定会知道这些过往旧事的吧。"史渭听到这名80多岁的老者说出这话，心中暗暗称奇，赞叹这祖孙三代养生有方。

当史渭找到那名百岁老人的时候，天色已晚了。史渭急忙说道："我是本县新上任的知县，有些关于古县过去的田地浇灌的事情想请教一下，烦请您一定帮忙。"

但是那名百岁老人嘿嘿一笑，说道："这样的事情我哪里会清楚呢？大人还是去问家父吧。"史渭大吃一惊，脱口而出一句："什么？难道令尊仍然健在吗？"百岁老人摸摸已经白得发黄的头发，微微一笑说："那是自然。大人跟我一起来吧，我带您去见家父。"

史渭跟着老人上门敦请，进到三重草堂时，见到一个老翁端坐在堂前，童颜鹤发，已经有140多岁了。史渭目瞪口呆，问完田地浇灌的事情之后，就带着衙役们回衙门了。

时间一长，史渭才发现，原来在古县，过百岁的老人有很多，像是前些日子偶遇的长寿家族，在当地也并不稀奇。史渭大为感慨，为了纪念这件难得的奇事，就请来了当地的各位寿星各写一字，最终形成了《百寿图》。

《百寿图》是知县史渭集众人之智慧而成的。近800年来，《百寿图》作为稀世之珍，有口皆碑。

相传明代郑和下西洋时，曾骤遇狂风巨浪，桨断楫折。在这万分危急的关头，郑和看见一艘船上有一位龙钟老者稳坐船首，任凭风恶浪险，始终扬帆前进，风浪对他没有丝毫波及。郑和似有所悟，急忙命令其余的船只紧随在老者的船后面。

不一会儿，海上的风暴平息了，那位神秘的老者却消失了。郑和让那艘船的水手仔细搜查，却只找到一副百寿图。于是，郑和与水手才明白，刚才那是《百寿图》显灵了。

《百寿图》之所以成为世人尊崇的珍品，还在于它自身所特

■百寿图

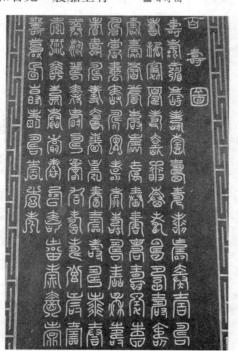

衙门 又称六扇门，是我国古代时期官吏工作的官僚机关。衙门是由"牙门"转化而来的，牙门中的"牙"指的是猛兽的利牙。我国古时常用野兽的牙来象征武力，因此"牙门"是古代军事用语，是军旅营门的别称。

万事祈求

吉祥图案

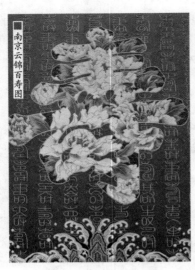
南京云锦百寿图

有的艺术价值。宋刻的《百寿图》是我国古代书法、摩崖石刻中的一块瑰宝。

《百寿图》的大寿字，集楷、篆、隶、行四法为一体。也就是说，这个大寿字的结构为正楷，运笔的方法却是篆书，那竖像鹅头，钩像燕尾叉的运笔属于隶书，但点像桃形，是行书的写法。

这个大寿字四法交融，无懈可击，匠心独具而又酣畅自然，更显得庄重浑穆，古朴圆润，实在是罕见的杰作。而嵌在大寿字笔画中的100个小寿字，更是字字珠玑，异彩纷呈。

百寿图是颂扬年高的吉祥图案，表达了人们追求长寿的心愿。从某种意义上说，百寿图又是我国文字、书法史的演变图，可以看作华夏文明史的一个缩影。

阅读链接

相传在清乾隆年间，在顺德有个很有灵气的工匠被清晖园园主请来雕刻百寿阁。工匠一时疏忽大意，在设计的时候只在两面墙各画了48个寿字，等到园主验收时，怎么数都是96个寿，园主勃然大怒。

工匠走上前去解释道："这里内有玄机，'九'就是'久'，'六'就是'禄'，福禄长久，大吉大利。"园主心有不甘，"再怎么好也构不成'百寿图'呀！""其实还有4个寿是藏起来了，'藏寿'是为了'长寿'。左右两扇墙各藏一个大寿，一个藏在你身上，一个藏在我身上。"园主听了大喜，付了双倍的工钱。

象征喜庆连连的双喜

　　双喜字结构巧妙，是我国美术中的一绝。两个并列的"喜"字方正、对称，骨架结构稳定，如男女并肩携手而立，又有四个"口"字，既象征男女欢喜，又象征子孙满堂，家庭融洽与美满。

珐琅八宝纹双喜把镜

双喜字是象征男女婚姻成立的一种特殊符号，这建立在"喜"字的基础上。我国第一部按部首编排的字典《说文解字》里写道：

喜，乐也。从壴从口。凡喜之属皆从喜。歖，古文喜从欠，与欢同。

■ 剪纸双喜

"喜"字的初文是用一个鼓的形状加一个喜笑的口形，表示喜庆的典礼。后来，又用一双手捧着一个"吉"字，下面加一个喜笑的口形。自古以来，"喜"字都是用来表达愉悦情绪的。

我国素有"喜"字情结，使得人们用它代表整个人生中所有的吉祥与快乐，将"喜"与福、禄、寿、财一起构成"五福"。

"喜"字有两个图符，分别为"禧"和"囍"，"禧"字多用于诸如春节等节庆场合，表达一切顺心、万事如意之意。而"囍"字，又称"双喜"，更多用于婚嫁场合，表达婚姻吉祥如意之意。

关于这个"囍"字的来由，民间流传着这样一个故事：在北宋庆历年间，家住抚州临川的王安石历经十年寒窗，已是饱学之士。当时年仅21岁的王安石，正是英俊青年意气风发。

员外 也称员外郎、外郎，通称副郎。南北朝时简称员外散骑侍郎为员外郎，是较高贵的近侍官。隋代始于六部郎中之下设员外郎，以为郎中之助理，由此延至清代不变。明代以后员外郎成为一种闲职，不再与科举相关，可以用钱买这个官职。

1042年，踌躇满志的王安石赴京赶考。在赶往东京汴梁的路途中，主仆二人决定在江宁的马家镇歇息一下。

饭后闲来无事的王安石上街闲逛，却见马家镇的街上人来人往，热闹非凡。王安石一打听，原来是马家镇的马员外在征联择婿。王安石的好奇心上来了，问街边的小贩说："这个马员外是何方神圣啊？"

小贩热情地为他介绍说："我们镇这个马员外啊，可是个家有万贯钱财的大户呢！不过，这个征联择婿的主意倒不是马员外想的，是他家的千金马小姐。"

王安石来了兴趣，继续追问，小贩说："这个马小姐可是我们马家镇赫赫有名的人，不仅长相俊秀，知书达理，而且自幼熟读'四书''五经'，琴棋书画无所不通啊！您这一身打扮一看就是个秀才，不如去试试吧！"

王安石走到马家附近，挤进人群中一看，马家的门楼上挂着两盏大灯笼，都是走马灯，其中一盏上贴着一句上联："走马灯，灯走马，灯熄马停步。"

五经 指儒家的五部经典，即《周易》《尚书》《诗经》《礼记》和《春秋》。儒家五经从抽象和象征的意义上说，分别探讨人的情感性问题、社会性问题、政治性问题、历史记忆问题、形而上问题。汉武帝立五经博士，儒教国家化由此为开端。

部首 为东汉许慎首创。他在《说文解字》中把形旁相同的字归在一起，称为部，每部把共同所从的形旁字列在开头，这个字就称为部首。部首是将汉字里共通可见的相同偏旁，作为分类汉字的基准。所有汉字势必分类在某个部首中。

■银錾双喜金杯

■ 双喜铜镜

科考 科举考试，是我国古代选拔人才的考试制度。隋唐到清代时期，朝廷分科考选文武官吏及后备人员的制度，能使任何参加者都有成为官吏的机会。考试的科目分常科和制科两类，每年分期举行的称常科，由皇帝下诏临时举行的考试称制科。

王安石一看这句上联，就赞叹这是好句。这句上联的妙处在于，前两句的几个字完全一样，只是排序不同，但所造的短句在语义上又都是互通的。而第三个短句的第一和第三个字，又都是前两个短句的独字。

这句上联看似十分简单，但是要捏准其中的规律，想出一句好下联却不容易。王安石虽然饱读诗书，但也一时语塞，苦苦思索半天，没有下文。他转头看看人群，来围观的几个青年才俊也是一副皱眉苦思的样子。

到了第二天，王安石不得不带着书童上路了。他感叹着自己与马家镇无缘，但心中却久久不能忘怀马家小姐出的那句绝妙的上联。

几天后，王安石到了东京汴梁。会试时，他飞书走檄，斐然成章，第一个交卷。当时，王安石的主考官是时任参知政事、太子少师的著名文豪欧阳修。

欧阳修见王安石少年英俊，答卷的速度又飞快，不由心中暗暗赞赏。他问王安石："你觉得你的答题做得如何呀？"王安石自信地回答说："学生自认尚可。"欧阳修笑了笑，突然指着衙门外的飞虎旗说了一句："飞虎旗，旗飞虎，旗卷虎藏身。"

王安石一听就愣住了。欧阳修出的这半副对联，最后一个"身"字是平声，因此是句下联，这在对联中属于以下求上，往往难度较大。

突然，王安石灵机一动，脑中闪过了马家小姐的那句上联，最后一个字是"步"，为仄声，正好是个绝妙的上联。王安石心中小小地惊叹了一下，脱口而出："走马灯，灯走马，灯熄马停步。"

欧阳修一听，赞赏地鼓掌大笑，称赞王安石说："你这个年轻人还真是才思敏捷啊！"王安石叹了一口气，心中也暗自称奇，惊讶于自己奇妙的际遇。

科考完毕，拜别主考官后，王安石急忙赶回馆驿，也不与其他学子考生谈诗论文、聚会饮酒，也没有逛街休息一下，只是急忙叫上书童，收拾了一下随身行李又出发，日夜兼程赶往江宁马家镇。

王安石主仆二人终于回到了马家镇。此时的马家门口早已没有了先前的热闹拥堵。王安石心中一沉，以为马家小姐已择得佳婿。但是仔细一看，那两盏大灯笼依然挂在门前，一个有字，一个仍是空白。

王安石大喜过望，急忙走上前去。马家的两个小

仄声 指汉语拼音的第三声和第四声。我国古人写诗、词、曲以及对联，重视格律，平声和仄声的运用，是格律的重要内容。对联一般都是竖着写的，上联贴在右边，下联贴在左边。因为仄声短促，而平声和缓，平仄相异，能达到声调的和谐。

万事祈求 吉祥图案

■ 红缎绣双喜火镰

■ 双喜梅花窗纸

斯正百无聊赖地站立在门旁，见到一个书生打扮的人神色匆匆地走上前来，忙不迭地从身旁的案桌上备好笔墨纸砚。王安石拿起笔来，龙飞凤舞一挥而就，其中一个小斯立即拿起，送入大堂。

当时，马员外正心神不定地坐在大堂上，手中把玩着一对掌珠。喝了一口茶，他有点儿后悔自己纵容女儿，任她由着性子胡来。已经过了这么久了，竟然没有一句下联能被马小姐认可，她可怎么嫁人？这征联择婿的闹剧又该怎么收场？

马员外越想越心烦，他坐不住了，烦躁地从太师椅上站起身来，背着手在大堂里踱来踱去。

这时，小斯拿着王安石写的下联正匆匆往里走来，迎面看见马员外阴沉的脸色，识趣地转了个方向往马小姐的闺房处走去。一个在院中赏花的丫鬟从小斯手里接过了墨迹未干的下联，急忙送入马小姐的闺房之中。

马家小姐接过下联，展开一看，笔法刚劲的字迹清清楚楚地写着"飞虎旗旗飞虎旗卷虎藏身"。她满意地一笑，立即打发丫鬟给马员外传话。

马员外知道这个消息，顿时喜出望外，招呼小斯说："别愣着！快，快去请那位才子进来！"小斯们赶紧迎出门去，接王安石入堂拜见马员外。马小姐则悄悄在内隔帘里观察着。

英俊年少的王安石气宇轩昂，眉目清朗，再加上他满腹经纶，因此对马员外的各种试探和考验都应付得得心应手，出口成章，马员外十分欣喜，马家小姐也对王安石芳心暗许。于是，双方立即决定近日成亲，王安石打发书童回家报讯，让父母前来下聘。

第三天，王家的聘书、聘礼送到了马府，马府更是张灯结彩，锣鼓喧天，合家上下喜气洋洋。正在此时，又有飞报传来王安石为钦定第四名进士的消息。如此一来，马家大院顿时一片欢腾，鞭炮齐鸣，满大街跟着庆祝。

王安石此时更是喜不自禁，抓起笔在红纸上大书起来。想到金榜题名和洞房花烛这两件喜事一起发生了，他就写出了一个喜的连体字"囍"。家人、丫鬟纷纷拿去到处张贴。这就是后来我国在办婚事时到处张贴大红双喜的由来。

从此，王安石外有欧阳修教诲提携，内有马小姐贤助辅佐，最终成为著名的政治家、思想家、文

太师椅 我国古代家具中唯一用官职来命名的椅子。太师是官名，是尊贵、高雅的象征。我国古人认为，在同时代的椅类家具中，能被尊称为太师椅的，一定是椅类家具中的翘楚，象征着坐在太师椅的人的地位尊贵、受人敬仰。

■ 古代喜房

学家，列入"唐宋八大家"之内，在我国历史上留下了辉煌的一页。而双喜字也根深蒂固地流传在了后人的心中。

双喜是把两个"喜"字结合在一起，但不是两个喜字相加，结合以后实际是一个新的固定的符号。因它由两个"喜"字合成，因此有"双喜"之称。

在民间，双喜字是家喻户晓、尽人皆知的吉祥符。但凡是嫁娶，都要在门口左右贴大"囍"字，娶亲的花轿也要贴"囍"。

新房之中，家具、墙壁、门窗也多贴"囍"。贴在屋顶四角的"囍"要倒着贴，这是因为"倒"与"到"谐音，取"喜到"之意。

新婚夫妇所用的被褥、妆奁以及其他几乎所有

■ 洛带古镇婚房

用品，也多织绣、图绘"囍"字。锦缎被面有织"龙凤双囍"者，是龙凤围绕"囍"的纹图。又有"双凤双喜"，是双凤围绕"囍"的纹图。

■双喜

"囍"是两个"喜"字相合，有好事成双、夫妻恩爱、天长地久之意，所以每逢办喜事，"囍"字自然就成为重要的象征和吉祥含义。

在后来的使用过程中，民间的能工巧匠和艺人又创造出了各式各样、丰富多彩的剪纸双喜字，甚至很多古典家具中也雕刻着"囍"字作为吉祥图案，象征着喜庆连连，好事成双。

阅读链接

相传远古时期洪水泛滥，只剩下伏羲、女娲兄妹。太白金星叫他们生育后代，但他们认为两人是兄妹，便不肯答应。可如果不这样，人类就会灭绝。

他们提出，如果能将割成许多段的竹子再接起来，就可以结婚。后来果真把竹子接上了，而且有许多竹节。两人还是不愿答应，又提出，从两座山上往下滚两盘石磨，如果石磨能滚合到一起，就可以结婚。但是当石磨合在一起后，他们仍然不肯答应。女娲又出了一个主意，如果伏羲能够追上自己，就可以成婚。结果，伏羲始终追不上女娲，伏羲这时不想再追，猛一转身，不想女娲从另一方向跑来，竟一头撞在伏羲怀里，两人只好成婚。这是我国最早的喜事。

解读农时的《春牛图》

春牛图

在古人心目中，牛是风调雨顺、国泰民安的象征。牛拥有五行中土属性和水属性的神力，五行中讲水能生木，所以牛的耕作能促进农作物生长。

我国自古以来就是以农立国的国家。牛则是人们从事农耕的必需品，是和收获粮食有着密切关系的家畜。农家无耕牛，表示家境不好。

像许多的民间习俗一样，《春牛图》的出现与传统农耕文化有着密不可分的联系。民谚常说，"一年之计在于春"。而在旧时，立春就是一年二十四节气中的第一个节气，代表春季的开始，一年的农事活动也由此开始。

在古代，农业作为立国之本，是最受重视的社会活动，"劝课农桑"也就成为官府最为重要的职能之一。于是，每逢立春，各级官府都要举行隆重的"立春祈年"仪式。《春牛图》的"春牛"形象就来自这种传统的"立春祈年"礼俗。

■春牛图

《春牛图》是我国古时一种用来预知当年天气、降雨量、干支、五行、农作收成等资料的图鉴，在人们心目中也寓意着丰收的希望、幸福的憧憬以及对风调雨顺的祈求。

由于立春是一年之始，牛又是预示农耕的收获丰盛的动物，因此结合了这两者的《春牛图》是我国民间最常见的吉祥图案，也是千百年来一直为人们喜闻乐见、长盛不衰的绘画内容。

《春牛图》中所画的春牛，原本是土制的牛。古人在立春前制造土牛，好让文武百官在立春祭典中彩杖鞭策它，以劝农耕，同时象征春耕的开始。

鞭打春牛的活动起源于先秦时的历史传说：相传古代东夷族首领少昊氏率民迁居黄河下游，要大家从

节气 指二十四时节和气候，是我国古代订立的一种用来指导农事的补充历法。我国农历是一种"阴阳合历"，即根据太阳和月亮的运行制定，后来在历法中又加入了单独反映太阳运行周期的"二十四节气"，用作确定闰月的标准。我国正统二十四节气以河南为本。

■《鞭春牛》刺绣

吉祥如意

吉祥物品与文化内涵

少昊氏 相传是黄帝之子，也是远古时羲和部落的后裔，华夏部落联盟的首领，同时也是东夷族的首领。少昊是我国五帝之首，中华民族的共祖之一。少昊国是凤凰的国度，少昊时期是凤文化繁荣鼎盛时期，少昊也是我国嬴姓及秦、徐、黄、江、李、赵、梁、萧等数百个汉族姓氏的始祖。

畜牧改学耕作，并派他的儿子句芒管理这项事业。

句芒是个聪明的孩子，他在寒冬即将逝去前，采河边葭草烧成灰烬，放在竹管内，然后守候在竹管旁。到了冬尽春来的那一瞬间，阳气上升，竹节内的草灰便浮扬起来，标志着春天降临了。于是句芒下令大家一起翻土犁田，准备播种。

人们纷纷听从句芒的号令，可是负责帮人犁田的老牛却仍沉浸在冬眠的甜睡中，懒得爬起来干活。有人建议用鞭子抽打它们，句芒不同意，说牛是我们的帮手，不该虐待它，吓唬吓唬就行了。

于是，句芒让大家用泥土捏成牛的形状，挥舞鞭子对之抽打。鞭打的声音惊醒了老牛，老牛看见伏在地上睡觉的同类正在挨抽，吓得站起身来，乖乖地听人指挥，下地干活去了。由于按时耕作，当年获得了好收成，原先以游牧为生的人们都乐于从事农业了。

此后，看灰立春、鞭挞土牛逐渐积淀成了人们判断时令、及对耕作的定规。句芒则被尊为专行督作农耕的神祇，是《春牛图》中站立在牛旁边的芒神，或者牧童的原型。

到了周代，随着农业经济的普遍开展，迎春鞭牛活动正式列为国家典礼。每逢立春前三日，天子开始吃素沐浴。到了立春那天，天子亲自率领公卿百官去东郊迎春，将预先塑制好和真牛一般大小的土牛送到东郊，用鞭子抽打土牛，表示督促春耕。

到了唐宋时代，这套礼仪演变成全国上下同时进行的活动。每年夏季，由太史令预测来年立春的准确时间，并根据年月干支，决定取哪一方向的水土做成一条土牛和一尊句芒神的造型。此后，各级地方官吏

■牧童鞭赶春牛

都据此规定和样式也照样塑制好一套。

到立春这天，京城内百官都要穿上朝服，备好牲礼、果品，由皇帝率领百官在京都先农坛前迎春鞭牛，到"春牛所"前行礼。各官员都要手执彩杖三击春牛并作揖，再由礼官引导至芒神前再作揖。

《春牛图》最初为皇家所独有，在清代时期，掌管天文和历法事务的钦天监每年都要印制《春牛芒神图》，最初的目的就是为各级地方官府举行迎春之礼所需的春牛和芒神的塑像提供制作依据。

后来，著名的泉州历学家洪潮和从钦天监退隐回到泉州，将《春牛芒神图》的制作方法传入民间。为了方便民众使用，还将载有每日宜忌、天干地支、日神等的"通书"，刊印在《春牛图》的下方，形成了"上图片、下通书"的基本形式，深受民众的喜爱。

古代民众大多所受教育不多，而《春牛图》却能让人一目了然地了解一年中雨水多寡、天气寒热等基本的气象信息，让农民安排耕作时做到心中有数。再加上详细写有每日天干地支、宜忌以及每月节气，对于以农耕为主的古人来说，小小的一张《春牛图》蕴含的信息之丰富，可以算得上是一份可以随身携带的农耕指南了。

《春牛图》看似简单，其实需要十分精巧的技艺，因为其中包含了很多我国传统的农耕信息和时令规律。春牛和芒神的每一个部位的描绘，甚至是色彩都大有讲究，每一个细微之处均在传递着信息。

在《春牛图》中，春牛身高四尺，象征一年四季。身长八尺，象征春分、夏至、秋分、冬至、立春、立夏、立秋以及立冬这农耕八节。春牛尾长一尺二寸，象征一年十二个月。

春牛的牛头代表当年的年干，牛身代表年支，牛腹代表纳音，牛角、牛耳及牛尾代表立春日的日干，牛颈代表立春日的日支，牛蹄代表立春日的纳音，牛绳的代表立春当日的天干，牛绳的质地代表立春当日的地支。

《春牛图》里的牧童，就是芒神，又叫句芒神，他原为古代掌管柲木的官吏，后来作为神名。芒神身高三尺六寸，象征农历一年的三百六十日。他手上之鞭长二尺四寸，代表一年二十四节气。

芒神的衣服以及腰带的颜色，甚至头上所束的发髻的位置，也要按立春日的五行干支而定。当他没有穿鞋和裤管束高时，就代表该年多雨水，农民要做好防涝的准备。相反地，双足穿草鞋则代表该年干旱，农民要做好抗旱蓄水的安排。

如果芒神一只脚光着，一只脚穿草鞋，则代表该年是雨量适中的好年景，农民们要辛勤耕作，勿误农时。

芒神的衣服与腰带的颜色，也因立春这天的日支不同而有所不同，亥子日，是黄衣青腰带，寅卯日是白衣红腰带，巳午日是黑衣黄腰带，申酉日是红衣黑腰带，辰戌丑未日是青衣白腰带。

■刺绣鞭春牛

吉祥物品与文化内涵

■杨柳青《春牛图》
年画

年画 是中国画
的一种，始于古
代的门神画。年
画大都用于新年
时张贴，装饰环
境，含有祝福新
年吉祥喜庆之
意。传统的民间
年画多用木板水
印制作而成。旧
年画因画幅大小
和加工多少而有
不同称谓。整
张大的叫"宫
尖"，一纸三开
的叫"三才"。
加工多而细致的
叫"画宫尖""画
三才"。

芒神的鞭杖上的结，也会因立春日的日支不同而改变。材料分有苎、丝、麻的结铲都是用青、黄、赤、白、黑五色染成。

芒神的年龄也有寓意。少年的芒神代表逢季年，也就是辰戌丑未年。壮年的牧童代表逢仲年，也就是子午卯酉年。老年的牧童是逢孟年，也就是寅申巳亥年。

另外，如果芒神站在牛身中间，表示当年的立春在元旦前五天和后五天之间，如果芒神站在牛身前面，表示当年的立春在元旦五天前。如果芒神站在牛身后面，表示当年的立春在元旦五天后。

句芒的站位也是根据太史令颁布的立春时间来设计的。如果立春在农历腊月十五之前，句芒就站在土牛的前面，表示农事早。如果立春正值岁末年初，句芒和土牛并列，表示农事平。如果立春在正月十五后，句芒就被安放在土牛身后，表示农事晚。在历法知识无从普及的古代，大多数人其实就是根据这些不同的排列方式来掌握立春之大概时间而进行农事准备的，所以土牛也叫"示农牛"。

在我国古代，每到春分这一天，民间就会出现挨家送《春牛图》的。送《春牛图》的人都是善言唱的，会说些春耕和吉祥不违农时的话，他们每到一处人家更是即景生情，见啥说啥，说得主人乐而给钱为止。言辞虽随口而出，却句句有韵动听。俗称"说春"，说春人便叫"春官"。

《春牛图》都会赶在年前发售。农民们买回家去，既当年画张贴，又因此知道了立春的大致时间，此外，这种供给张贴的《春牛图》上，照例都写有"新春如意""新春大吉"等吉利话。

在杨柳青年画中，《春牛图》是经典作品之一，表现了人们心目中寓意丰收的希望、幸福的憧憬以及对风调雨顺的祈求。在广大农村，每年立春，几乎每家每户都要在大厅正门后或正厅的显眼处贴上《春牛图》。房屋升梁、乔迁新居、新人结婚之时，《春牛图》也是必备之物。

阅读链接

古时，牛是玉帝殿前的差役，时常往返于天宫和大地之间。有一天，农夫托牛给玉帝传个口信，说人间寸草不生，请玉帝赐点儿草籽给人间。牛王自告奋勇地说："玉帝，我愿去人间撒草种。"玉帝同意了牛王的请求，嘱咐牛王到人间后，走三步撒一把草籽。

牛王在撒草籽时，记错了玉帝的旨意，走一步撒了三把草籽，农夫根本无法种庄稼了。后来玉帝知道了，十分生气，就罚牛王和他的子子孙孙都只准吃草，祖祖辈辈帮助农夫干活。

天下太平的象驮宝瓶

象牙雕藕景

　　我国把大象视为祥瑞、太平的象征，把它当作强壮、长寿、聪慧的化身。因为"象"字与"祥"字谐音，寿命又长，因此大象在我国文化里是吉祥的动物，享有崇高的地位。

　　野象在没有被驯服时，性情勇猛，力大无穷，是人类最大的竞争对手之一。有学者认为，我国历史上第一个驯服大象的人是舜，其依据是流传已久的"舜象传说"。

　　舜的父亲名叫瞽叟，是个瞎子。舜生下来不久，他的母亲就过世了，瞽叟又另娶了一个妻子，生了一个儿子，名叫象。

　　《尚书》中称瞽叟"顽"，象"傲"，他们曾两次捉弄舜，一次叫舜上屋顶然后

■ 太平有象摆件

在下纵火焚烧，另一次叫舜浚井然后落井下石，但两次都被舜成功逃脱。这本来是令人难以忍受的事情，然而舜在事后毫不计较，依然孝顺父亲，友爱兄弟，用自己的实际行动感化了他们，使象改邪归正，史称"虞舜服象"。

后世的学者对"虞舜服象"进行重新解读，认为"虞舜服象"指的是舜服野象，也就是说，传说里的那个"象"，是一头庞大的、有着长鼻、大耳、巨脚、利齿的野性未驯的动物大象。

据战国末期政治家吕不韦集合门客编著的杂家代表名著《吕氏春秋·古乐篇》里记载：商部落曾经役使许多野性未驯的象在东方一带的国家逞威，于是周公派军队去驱逐它们，一直把它们赶到长江以南的地方。可见商民族已经把驯服了的象使用到战争上去。

杂家 是战国时期百家争鸣中的一家，其内容很多与方术有关。杂家的代表一位是编撰的淮南王刘安，另一位是编撰《吕氏春秋》的吕不韦。杂家在历史上并未如何显赫，虽然号称"于百家之道无不贯综"，实际上流传下来的思想不多，在思想史上也没有多少痕迹。

■ 石雕太平有象

蜀国 我国古代
先秦时期的蜀族
在四川建立的国
家。蜀族是先秦
时期一个不同于
华夏族群的古老
民族。"蜀"字
最早发现于商代
的甲骨文中，据
记载武王伐纣时
蜀人曾经相助。
但关于蜀国的历
史在先秦文献中
一直没有详细记
载，直到东晋才
记有关于蜀国的
历史和传说。

舜是商部落的始祖神，因此在古代商民族的神话里，就有关于他怎样驯服野象的传说。后来民间传说里所说的"大舜用象耕田"应该就是远古传说的余波。在《二十四孝图》中绘的《大舜耕田图》，使用的耕田动物就是长鼻大耳的大象。

古代商部落能驯服大象，大象自然就成为他们的吉祥物。在商代青铜器中，就出现了大象的造型，其中最著名的是象尊。

这个象尊高64厘米，长96厘米，形体硕大，为所知商代动物形青铜器中最大的一件。此尊象鼻上翘中空，与腹相通，用作流，象背开口。象首额顶两侧凸出作角形，饰龙纹，象鼻饰鳞纹，腹饰兽面纹，十分精美。

象牙也是古代先民的吉祥物。三星堆遗址就出土了大量象牙，同时出土的还有青铜立人像。青铜立人像手持之物或脱落或腐朽，其为何物，众说纷纭。

有学者认为，青铜立人像手持之物是象牙。正因手持象牙，铜像才需要这样高，手臂才需要这样粗壮。古代蜀国先民手持象牙的意图是个谜，可能是因为古人当象牙是吉祥物，认为象牙有辟邪的作用。毕竟古代有象牙筷子能探知食物是否有毒的说法。

象牙雕刻艺术在我国也有着悠久而辉煌的历史，始于新石器时代，江南地区的河姆渡遗址出土的"双鸟朝阳"蝶形器就是象牙制作的；良渚人也在象牙上雕刻神人兽面纹，这些纹饰都有特殊寓意。

象棋在古代是用象牙做成的。辽、金、元、明、清历代帝王都把象牙作为皇家用品，明代的果园厂和清代的造办处都有为皇宫做象牙制品的作坊。明清时期寓意吉祥的牙雕精品很多，具有很高的收藏价值。

在元、明、清时，信仰佛教的皇帝很多。他们把佛国进贡来的大象看成祥兽。每逢皇帝有重大庆典，仪仗中总爱用些大象，驾辇、驮宝也用它们。皇家专门豢养了象群，用于仪仗和节庆表演；在宫室、园林、陵墓里也遍布着大象的雕塑形象。

皇家专门豢养、驯化、演练大象的地方叫"象房"。大象在这里要有严格

■ 象牙雕刻

的训练，学会各种礼仪，要学会温顺、稳当地驾驭驮宝。经过专门驯象师调教，驯练好的大象或编入皇家仪仗队，或作为皇上出行的座乘，或者在节日给皇亲国戚表演。

每当太和殿举行盛典时，象群都会被牵到皇宫，有驾车的、驮宝的、站班的，各有分工。平时大臣上朝，大象站立排列于午门前御道左右，蔚为壮观。清代沿用了明代役使大象的标准，制度与习俗都不变。

■ 花丝镶嵌太平有象

作为古代皇家礼仪重要组成部分，大象不仅给皇家增添了无比的尊严和神圣，也给北京的百姓带来了许多欢乐。

北京宣武门西侧的象来街，是古时圈养大象的地方。由于大象的四条腿犹如柱子一样地立着，是国家繁荣的象征，代表国家太平、繁荣，许多人都会慕名而来，沾一沾繁荣的喜气。因此象来街被称作最吉祥的街，也叫祥来街。

明清时，每年旧历六月初六，是标志着盛夏已经来到的时令。这一天，不仅是人们洗浴、晾晒衣物的日子，也是皇家大象洗浴的日子，也让大象在河水中

午门 我国古代所有的建筑物都是非常讲究八卦方位的，尤其是皇家的陵墓。陵殿尤其要布局工整，不能犯忌讳。由于用十二时辰象征方位，午就相当于陵殿的南方。古代皇族认为"南"字音同"难"，不吉利，因此都把南门称为"午门"。

自由喷水游戏，或是由驯象师给它们刷洗身体。

养在象房的大象要牵到宣武门外，或西便门附近的护城河里去冲洗。老百姓管这叫"洗象"。当时，对一般百姓来说，大象是很罕见的动物，更何况是为皇家表演的神兽象呢！大家都愿在这天多得一些吉祥之气。久而久之，每年六月初六北京老百姓观看洗象，就成了一项民俗活动。

象因身材高大，性格温和，善解人意，能帮助人完成强度很大的工作，被视为力量的象征。它四蹄粗壮，着地稳如泰山，所以在君王看来，象是代表江山稳固、社会安定的标志。

在象的背上放一宝瓶，有些瓶内再插放五谷，寓意太平有象、五谷丰登。因为"象"与景象的"象"字是同一字；宝瓶的"瓶"字与太平的"平"字同音；这样"大象宝瓶"就成为"太平有象"的吉祥图案了。

宝瓶，又叫罐、净瓶，作为吉祥之物，也是密宗修法时灌顶的法器，是无量寿佛的手中持物，象征灵魂永生不死。瓶中装净水，象征甘露，瓶口插有孔雀翎，象征吉祥清净，代表福智圆满。

■铜鎏金象驮宝瓶

清粉彩象摆件

宝瓶也寓意着吉祥，在我国的风水学中代表着神通广大。宝瓶以陶瓷质地为主，我国盛产瓷瓶的圣地当然以江西景德镇最为出名。宝瓶已经成为风水学中非常重要的一个工具。

根据风水师的说法，宝瓶在风水学中有吸收煞气，趋吉避凶的作用，寓意吉祥、富贵、旺财、和谐，是阳宅风水学里必不可少的物件。 又由于象五行属金，自古象为神兽，以善吸水驰名，水为财，所以有在家中张贴"太平有象"，就能大财小财为己所纳，放在宅中吉祥如意的说法。因此，《象驮宝瓶》备受青睐，成为家居风水布局中不可或缺的重要物品，深受大众喜爱。

阅读链接

远古时有一只大象，年轻时非常强壮，打起仗来，神勇无比。但是岁月不饶人，年纪一大，就衰弱不堪。有一天，它走到池塘边喝水时，不幸陷在泥中，脱困不得。人们费了一番力气，也没把它弄出来。国王知道后，就派一位驯象师去处理。驯象师叫人吹打战鼓。大象一听到隆隆的战鼓声时，仿佛又回到了战场，不由得精神大振，一鼓作气，就脱离了困境。

佛陀曾经以这只大象的故事告诉弟子们：你们要像这只大象自行脱困一样，要奋力地从烦恼中解脱出来。

象征美好的各式图案

吉祥物和吉祥图案可以说是吉祥观念的具体表现，为了表达对幸福、欢乐喜庆的向往，人们便把事物固有的属性予以加工，或加上艺术的象征意义。例如把某个事物附会神话传说或取其名称的谐音，并视为吉兆，或把美好的故事和喜庆的征兆绘成图像。

我国象征美好的各式图案组合有很多，下面这些是在生活中比较常见的。

■龙凤图案云锦

龙凤呈祥：龙凤是祥瑞的象征。由于龙占主导，大家都自称龙的传人。以后又发展成龙象征男性、凤象征女性，因此"龙凤呈样"

三魚争月

吉祥如意

吉祥物品与文化内涵

■武强年画

龙珠 珍贵的宝珠。传说得自龙颔下或龙口中，故名。也称夜明珠。龙戏珠的形象是佛教东传以后才出现的，在唐宋以前对称的双龙之间夹持的往往是玉璧或者钱币图案。我国唐宋以后，龙戏珠的出现，当与佛教有着渊源关系。

也多用于夫妻喜庆之日。

二龙戏珠：两龙头相对，共含一珠。民间传说龙珠可避水火，图案祈求辟邪消灾。

三鱼争月：我国民间将"月"谐音于"跃"。看似"三鱼争月"，意为"三鱼争跃"。鲤鱼跳跃即跳龙门。传说中，鲤鱼跃过龙门就能成龙，腾空上天。科举文人把考中状元叫作"鲤鱼跃龙门"，老百姓则把生活幸福的飞跃也称作"鲤鱼跃龙门"。争跃是争着跃龙门，去争取更好的生活。

三星高照：由传说中的福、禄、寿三星组成，专管人间幸福、禄位、年寿，象征富有、升官、长寿。

流云百福：云纹形似如意，绵绵不断。"蝙蝠"谐音"遍福"，有幸福绵延无边之意。

必定如意：毛笔、银锭、如意。"笔、锭"谐音"必定"。如意由老人搔背的"不求人"演化而来。

年年有余：画面上是两条鲶鱼。"鲶"谐音"年"，"鱼"谐音"余"。是温饱小康生活的象征。

群仙祝寿：传说农历三月三日为王母娘娘生日，各路神仙前来祝寿。有喜庆吉祥之意。由于人物众多，多为较大型雕件。

福从天降：画面上一胖娃伸手抓一只在飞的蝙蝠。寓意天降幸福。

龟鹤齐龄：龟或者龟龙加仙鹤。龟享万年、鹤寿千岁，寓同享高寿之意。

松鹤延年：松象征气节清高、长寿，鹤象征长寿。

福禄寿喜：由蝙蝠、鹿、桃、喜字组成。"鹿"谐音"禄"，桃象征长寿。

鹤鹿同春：鹤长寿，梅花鹿充满活力，松树永葆青春。有富贵长寿之意。

福寿双全：由1只蝙蝠、1只仙桃、2只金钱组成。"双钱"谐音

粤绣松鹤延年

■ 麒麟送子年画

"双全"，也表示禄位。象征福、禄、寿。

福寿三多：由蝙蝠、寿桃、石榴组成。有多福、多寿、多子之意。

福在眼前：由蝙蝠、古钱组成。"钱"谐音"前"，古钱方孔有眼。

福至心灵：由蝙蝠、寿桃、灵芝组成。桃形如心，灵芝借"灵"字，寓意为得到幸福后更聪明。

麻姑献寿：是仙女麻姑手捧蟠桃的形象。麻姑为仙人王方平之妹，妙龄美艳有仙术。曾有麻姑献寿，为西王母祝寿。象征长寿、永葆青春。

长命富贵：画面是雄鸡在牡丹花旁长鸣。牡丹为花王，象征富贵。

流传百子：由石榴或葡萄组成。二者皆多子，多子即有福，寓意子孙万代。

连生贵子：由小孩、荷叶、荷花或莲子组成。"莲"谐音"连"，莲蓬多子。示人丁兴旺。

麒麟送子：由麒麟和小孩组成。麒麟为传说中的祥兽，常为新婚夫妻或人丁不旺的家庭送去儿子。

鸳鸯戏水：由鸳鸯、荷叶组成，有时还有鲤鱼。鸳鸯是一种水鸟，常成对出入；"荷"谐音"和"，

146

吉祥如意

吉祥物品与文化内涵

麻姑 道教神话人物。据《神仙传》记载，其为女性，修道于牟州东南姑馀山，年十八九，貌美，自谓"已见东海三次变为桑田"。故古时以麻姑喻高寿。又流传有三月三日西王母寿辰，麻姑于绛珠河边以灵芝酿酒祝寿的故事。

有和睦之意；鲤鱼，寓意鱼水之欢。象征夫妻和美。

双鲤闹莲：画面中有2只鲤鱼、莲藕、莲蓬。藕寓意偶合，莲蓬寓意多子，象征夫妻偶合，多生贵子。

和合二仙：传说中的二位神仙，主持夫妻和合。和仙手持荷叶、荷花、莲蓬一类，脚踩鲤鱼；合仙手持一只半开的宝盒，盒中飞出1对蝙蝠。

刘海戏蟾：刘海是五代时人，仕燕王刘守光为相，平时好谈性命，钦崇黄老。后遇钟离权，大悟辞官，由吕洞宾渡为神仙。金蟾仅3条腿，是刘海的宠物。原意为钱为身外之物，无忧无虑，后演化为撒钱不息的财神。

平安如意：由瓶、鹌鹑、如意组成。"瓶"谐音"平"，"鹌"音同"安"。寓意平平安安，万事如意。

喜报三元：由喜鹊2只、桂圆或元宝3件组成。指古科举会考，乡、省、殿皆中第一名。

四海升平：4个小孩共抬一瓶。"孩"谐音"海"，"瓶"谐音"平"，抬则有"升"的意思。

马上封侯：1匹马上有1只蜂、1只猴。有时省略蜂。"猴"音"侯"。寓意飞黄腾达。

除了上述这些外，还有一路平安、一帆风顺、岁岁平安、事事如意、诸事遂心、万寿长春、竹报平安、五谷丰登等。

钟离权　全真道尊他为"正阳祖师"，后列为北宗第二祖。也是道教传说中的"八仙"之一。少工文学，尤喜草圣，身长八尺，官至大将军，后来隐于晋州羊角山而得道。钟离权自称"天下都散汉钟离权"，意为"天下第一闲散汉子"。他的神仙传说起于五代和北宋时期。

■年画《莲生贵子》

■刘海戏金蟾

　　最典型的吉祥图案还有祥云。"祥云"的文化概念在我国有上千年的时间跨度，是具有代表性的文化符号。云本身和天空一起出现，代表了"渊源共生"和"和谐共融"。

　　云神奇美妙，发人遐想，其自然形态的变幻有超凡的魅力，云天相隔，令人寄思无限。所以，在古人看来，祥云是吉祥和高升的象征，是圣天的造物。

阅读链接

　　据说，"福"字倒贴的习俗来自清代恭亲王府。一年春节前夕，大管家为讨主子欢心，照例写了许多个"福"字让人贴于库房和王府大门上。有个家丁因不识字，误将大门上的"福"字贴倒了，恭亲王十分恼火。这时，大管家跪在地上说："奴才常听人说，恭亲王寿高福大造化大，如今大福真的到了，乃吉庆之兆。"恭亲王听罢心想，怪不得过往行人都说恭亲王府福到了，吉语说千遍，金银增万贯，一高兴，便重赏了管家和那个贴倒福的家丁。

　　事后，倒贴"福"字之俗就由达官府第传入百姓人家，并都愿过往行人或顽童念叨几句："福到了，福到了！"